ELÍAS COTTO CRUZ

EL MISTERIO DE DIOS REVELADO EN CRISTO

Copyright © 2023

Elías Cotto Cruz
PO Box 3478
Bayamón, PR 00958

Prohibida la reproducción parcial o total, sin la debida autorización escrita del autor.

Publisher: Ediciones Didásko
San Juan, Puerto Rico

E-mail: ediciones.didasko@gmail.com

Arte de portada: Prof. Eddie R. Hernández

ISBN: 979-8-9883271-0-3

DEDICATORIA

*A la memoria de mi hermano Israel,
una de las grandes bendiciones
que Dios me ha dado.*

CONTENIDO

PRÓLOGO	9
PREFACIO	13
RESEÑA	17
CAPÍTULO UNO: MISTERIO REVELADO EN LA UNIDAD EN CRISTO	27
Apostolado y vocación	29
Una bendición celestial	31
Escogidos en Cristo	33
Adopción por amor	35
Alabanza en la experiencia de su gloria	37
Gracia y perdón	39
Sabiduría e inteligencia	41
Cumplimiento que experimentamos	43
Cristo, único y necesario	45
Una herencia que perdura	49
Saber esperar en Cristo	51
Sellados por el Espíritu Santo	53
Un anticipo para el futuro	55
Visión de fe y amor	57
Oración solidaria	59
Conociendo a Dios	61

Para entender y vivir la esperanza	65
El poder que nos beneficia	67
Poder y fuerza para resucitar	69
Cristo reina, sobre todo	71
La vocación de la Iglesia	73
La plenitud de Dios, un regalo para la Iglesia	75
CAPÍTULO DOS: EL MISTERIO REVELADO DE LA RECONCILIACIÓN UNIVERSAL EN CRISTO	**77**
Vida espiritual y regreso a Dios	79
Tiempo pasado y presente	81
¿Y qué de nuestros pensamientos?	83
Dios es rico en todo	85
Muerte y vida	87
Un futuro realizado	89
Gracia y bondad	91
La fe como don de Dios	93
No hay gloria humana	95
Una nueva imagen en Cristo	97
Lo que éramos	99
Promesa cumplida en Cristo	101
Recibidos por la sangre de Cristo	103

Una pared derribada	105
Nueva creación en Cristo	107
Un solo cuerpo, fundamento de la unidad	111
El que vino, es nuestra paz	113
El Espíritu que nos lleva a Dios	115
Somos familia de Dios	117
Jesucristo, piedra angular de la fe	119
Creciendo en el Señor	121
Edificados por el Espíritu	123

CAPÍTULO TRES: MINISTERIO PAULINO CON LOS GENTILES PARA DAR A CONOCER A ESTOS SU INCLUSIÓN EN EL CUERPO DE CRISTO — **125**

Un prisionero de Cristo	127
Una gracia particular	129
El ministerio que define la vocación	131
Un conocimiento revelado	133
El misterio revelado por el Espíritu	135
Miembros del mismo cuerpo	137
Poder de Dios y ministerio	139
Humildad y vocación cristiana	141
Un ministerio esclarecido	143
La sabiduría de Dios y la Iglesia	145

La sola mediación en Cristo	147
Tribulación solidaria	149
Oración con sentido	151
La plenitud de Dios	153
Fortalecidos por el Espíritu Santo	155
Cristo vive en nosotros	157
El inefable Cristo	159
El más excelente conocimiento	161
Dios da mucho más de lo que pedimos	163
La gloria sempiterna de Dios	165
NOTAS EDUCATIVAS (GLOSARIO)	**167**
SOBRE EL AUTOR	**177**

PRÓLOGO

La Revelación en Cristo, sus fundamentos y desafíos

Rvdo. Ángel Luis Rivera Agosto
Ejecutivo Ministerio Común
en América Latina y el Caribe

No puedo esconder mi beneplácito al recibir el privilegio de compartir con ustedes unas breves líneas, a manera de prólogo, sobre esta obra del querido compañero y Reverendo Elías Cotto Cruz. Conozco al pastor Cotto Cruz desde hace muchos años y le he escuchado predicar, exhortar y compartir, tanto en ámbitos formales en nuestra iglesia como con un sencillo café a solas o con otros compañeros y compañeras de ministerio. Es desde esa experiencia, sus intervenciones en encuentros pastorales y en el contenido de sus libros, sobre todo aquellos más didácticos y bíblicos, que puedo discernir el rostro de un pastor comprometido con colocar fundamentos, sembrar semillas y cuidar los caminos de la Iglesia que él tanto ama. Este libro no es la excepción a esa regla.

¡Cuán compleja y cuán sencilla se hace la lectura de este libro! Resulta muy fácil y motivador discernir con el autor la experiencia del Misterio Revelado en Cristo. En ciertos momentos, me sentí rodeado de esa atmósfera necesaria, de ese oxígeno que todo cristiano y cristiana de este tiempo necesitan para motivar su marcha por la vida, inspirados en nuestro Salvador. El reverendo Cotto Cruz, quien ha ostentado un sinnúmero de lugares de servicio, entre ellos el Pastorado General de nuestra hermandad (1988-1992), refresca nuestros pulmones con sencillas pero profundas verdades sobre el accionar divino de un Dios que, por medio de Jesucristo, nos acerca a su Gracia, a su redención, a su mera liberalidad para salvarnos y guiarnos por la senda de fe y justicia. No cabe duda de que el esfuerzo de nuestro pastor hace en las páginas de esta obra nos revela la excelencia de la revelación de Jesucristo, abarcando su realidad desde sus dimensiones cósmicas y universales, hasta aquellas en las que aterrizamos a un talente ético, profético y eclesial. Sin embargo, también siento a un servidor de Cristo, hurgando en su intuición y talante pastoral, queriendo abordar temas que parecen fáciles, pero que en la práctica no lo son, planteando una serie de fundamentos sin los cuales se hace complicado seguir al Carpintero de Nazaret en el camino.

Hay ciertos desafíos que el autor trabaja de forma puntual. Por ejemplo, resulta fundamental entender el rol de Dios de Jesucristo ante el sectarismo y el exclusivismo que ciertas expresiones eclesiales y ministeriales predican y practican en nuestro entorno borincano. Ante un Dios que nos revela "un nuevo orden teológico-salvífico que posibilita acercamientos relacionales nuevos", ¿podemos reclamar patrimonios exclusivos en la relación con Dios? También me pregunto, con Elías, si estamos comunicando efectivamente el "amoroso corazón de misericordia" que Dios ha revelado en Cristo Jesús sobre todo en tiempos de tanto desamparo y necesidad. Más aún, hago relación a la profundidad de las verdades que predicamos como Iglesia. Aunque el libro es profundo en las verdades de la Gracia de Dios en Cristo, también se esfuerza en señalar que esa vida tiene una clara expresión en cómo se tejen y se configuran las relaciones entre los seres humanos. Me hago eco de una frase que acuña nuestro Pastor "¡Quien aprecia la vida que Dios da, ama y no mata!". Y en ello no solamente hace falta empuñar de forma consciente un arma letal para cercenar una vida. Dejar morir a un país desde el ámbito de la política pública, el desempleo, la inacción ante la necesidad, la indiferencia y el oportunismo político igual violenta el talante de un Dios que, en Cristo, ha venido para que todos tengamos vida y en abundancia (Juan 10.10).

El fundamento de ese amor también resulta ser profundamente evangélico y evangelizador. En ello, el compañero Cotto Cruz nos deja ver que la Iglesia misma "se convierte en voz de Dios para el anuncio de las Buenas Nuevas cuyo contenido es el Misterio de Dios revelado en Cristo. Ante la trascendencia de tal misión la Iglesia no puede replegarse al anonimato social marginándose de su responsabilidad evangélica" (Pág. 146). En fin, que estamos ante un misterio que es, más que nada, gracia de Dios que nos reconcilia con Él y que nos invita a trascender linderos sectarios y trocarlos por una noción universal de salvación y vida plena.

No quiero extenderme más con este breve comentario. Les invito a que lean lo que el Pastor Cotto Cruz comparte en este libro seminal, fruto de sus reflexiones y de su corazón pastoral y educativo. La Epístola de Pablo a los Efesios resulta ser el vehículo excelente para mostrar el rostro de un dios que se nos ha revelado en Cristo para la inclusión, el amor, la misericordia y el compromiso cristiano. Pidamos al Señor que Él nos permita ser fieles en el seguimiento a Jesús y compañeros con el Reverendo Elías Cotto Cruz en sus preocupaciones y planteamientos. Oremos para que esta obra se pueda discutir en ámbitos eclesiales y pastorales, de manera tal que el libro cumpla su objetivo didáctico. Y, sobre todo, celebremos el fecundo ministerio de un Pastor que con ternura y firmeza ha servido como mentor de tantos y tantas que le amamos, estemos cerca o lejos de él físicamente. ¡Enhorabuena, Elías querido! ¡Gracias por inspirarnos y desafiarnos! ¡Qué Dios te bendiga rica y abundantemente!

PREFACIO

Asumimos, desde nuestra fe en Cristo y reconociendo que tenemos evidentes limitaciones cognitivas al acercarnos a un documento bíblico de una gran profundidad teológica, la retante tarea de reflexionar sobre los primeros tres capítulos de la carta del apóstol Pablo a los Efesios. Nuestra propuesta teológica-eclesiástica no busca descollar en erudición (esa es tarea de los biblistas). Sin embargo, aceptamos este desafío. Sea Pablo el autor o alguno de sus discípulos el mensaje que se nos quiere comunicar por medio de este elocuente libro es fundamental para poder entender el significado universal del Evangelio de Jesucristo.

Como elemento temático principal de Efesios el autor nos entrega la visión que tiene sobre el mensaje salvífico de Dios por medio de Cristo. Este mensaje comprende un trascendental misterio: «el propósito de Dios de reunir todas las cosas en Cristo, en la dispensación del cumplimiento de los tiempos, así las que están en los cielos, como las que están en la tierra» (Efesios 1-10). Se propone Dios en Cristo derribar pared que hacía imposible la relación entre judíos y gentiles engendrando la paz entre ellos (Efesios 2.14). Al hacerlo por medio de Cristo Dios abuele en su carne las enemistades, la ley de los mandamientos expresados en ordenanzas, para crear en sí mismo de los dos uno solo y nuevo hombre, haciendo la paz (Efesios 2.15).

El misterio de Dios revelado en Cristo describe un nuevo orden teológico-salvífico. Desde Cristo se posibilita un nuevo acercamiento relacional entre los pueblos. Dios reúne lo que estaba separado como resultado del exclusivismo religioso de una de las partes. A partir de Cristo ningún pueblo puede reclamar patrimonio sobre la relación con Dios. Ahora por medio de Cristo los unos y los otros tenemos entrada por un mismo Espíritu al Padre (Efesios 2.18). La familia de Dios se amplía, pues, el camino hacia la salvación se hace posible para toda la humanidad gracias a la excelencia mesiánica de quien se constituyó por su entrega de amor en cruz en el Nuevo Hombre: Jesucristo.

Desde ese misterio de Dios revelado en Cristo, y que contiene el efecto misericordioso de un acto divino como Norte de amor por el perdón de los pecados de todos los seres humanos, se engendra un llamado a una vocación de solidaridad interpersonal. Si Dios reúne lo que estaba separado por razones religiosas, nacionales y culturales así también tenemos a Cristo como el paradigma para la buena conducta y así propiciar el bien común en una sociedad tan dividida. En aquellos días cuando la Iglesia primitiva luchaba por definir su misión desde la fe en Cristo la proporción divisoria era enorme: una cultura politeísta muy experimentada frente a un monoteísmo con raíces dogmáticas. El reclamo apostólico para unirse a una fe centrada en Cristo era enorme y esto significaba un reto de mucha trascendencia para aquella sociedad pagana. Ese misterio salvífico de Dios para reunir los dos pueblos es la expresión sapiencial que concretiza tal encuentro. Desde la perspectiva de esa sabiduría divina se elimina todo patrimonio de exclusividad relacional con Dos y se abre un «abanico» de inclusividad para dar espacio participativo de la gracia del Evangelio a los gentiles: acción solidaria de Dios por medio de Cristo (Efesios 3.6).

Se respira en esta carta un espíritu de vida comunitaria centrada en Cristo. El llamado es a erradicar la conducta sectaria y separatista que busca fundamentar la fe en Dios en el marco de un dogmatismo egocéntrico que lesiona el encuentro con los demás. Dios es uno, y uno es su pueblo: «Un Señor, una fe, un bautismo, un Dios y Padre de todos, el cual es sobre todos, y por todos y en todos» (Efesios 4.6). Ciertamente que esta acción unitaria de Dios define la insipiencia de ese evento salvífico en Cristo (Efesios 1.10), sin embargo, el significado prospectivo que se deriva de esa unión incide en las relaciones personales y eclesiásticas de todos los tiempos. ¡A la unidad nos refiere el Espíritu de Cristo! Somos llamados a propiciar dentro del Cuerpo de Cristo, que es su Iglesia, el encuentro con quienes de manera diversa expresan el contenido de su fe en Dios y lo hacen dentro del contexto de la donación del Espíritu Santo (Efesios 4.7). Las proyecciones de la esperanza cumplida en Cristo para unir lo que estaba separado tiene también como secuela de fe el encuentro fraternal de todos los cristianos bajo el señorío de Jesucristo. El orden revelacional de Dios en Cristo contiene un misterio que solo puede conocerse por medio de Él: la extensión del plan de salvación de Dios para todo el universo humano. Más allá de los límites del judaísmo conocido hasta entonces. Lo que fue tropezadero para muchos judíos se convirtió en el poder de Dios y la sabiduría que hace posible entrar en el recinto divino de su gracia para ser salvos solo por medio de Él (Hechos 4.12).

RESEÑA

El misterio de Dios revelado en Cristo es una aportación excepcional al acervo teológico de la iglesia cristiana en Puerto Rico. Esta obra trasciende la denominación de la Iglesia Cristiana (Discípulos de Cristo) en Puerto Rico, como así también trasciende el alcance del evangelio de Cristo hacia toda la creación. La teología paulina esbozada en esta pieza literaria en el contexto vivencial puertorriqueño a principios del siglo veintiuno plantea una revisión teológica de los conceptos fundantes de la fe y una afirmación del carácter de Dios revelado en Cristo. El autor nos va llevando de la mano, sin prisa y con toda la intención para contemplar el desarrollo de la cristología paulina en los tres primeros capítulos de la Carta a los Efesios. La pureza de la reflexión nos lleva a comprender la esencia y fundamento del evangelio de Jesucristo, de ese misterio revelado en Cristo.

El autor de esta obra, el Rvdo. Elías Cotto Cruz, ha tenido una gran trayectoria pastoral en el liderato a nivel de las iglesias locales que ha pastoreado y a nivel central de la Iglesia Cristiana (Discípulos de Cristo) en Puerto Rico. El Rvdo. Elías Cotto Cruz fue el segundo Pastor General de la Iglesia Cristiana (Discípulos de Cristo) en Puerto Rico y ha sido un prolífero escritor, excelente predicador y conferenciante. En el libro *Los Discípulos de Cristo en Puerto Rico*, se narra que bajo su incumbencia como Pastor General se terminó la primera fase del Centro Cristiano, se desarrolló ampliamente el área de educación cristiana y se le describe como minucioso, cuidadoso en su trato, mesurado en su decir y un digno seguidor del primer Pastor General, Rvdo. Juan Figueroa Umpierre.[1] Los libros escritos por el Rvdo. Elías Cotto Cruz incluyen diversos géneros literarios incluyendo la poesía, dramas, narrativa, entre otros, siempre desde la óptica cristiana con un profundo sentido de vocación profética.

En esta reseña compartiremos la estructura de este libro, un resumen de los temas principales en los que está organizado el contenido. Apreciaremos de manera crítica el libro como un recurso teológico y concluiremos con nuestra opinión y recomendaciones para utilizar este valioso recurso tanto para la pastoral como para el laicado.

La estructura del libro apela a un comentario bíblico-teológico de los primeros tres capítulos de la carta del apóstol Pablo a los Efesios en el Nuevo Testamento. Esta estructura, tipo comentario bíblico versículo por versículo, facilita la lectura y presenta el referente bíblico en cada una de estas secciones. El diseño tomó en cuenta presentar al inicio de cada sección el versículo bíblico correspondiente, lo cual es de gran ayuda para ir percibiendo la descripción de la revelación de Dios en Cristo. El libro posee al principio, antes de comenzar el primer capítulo, unas referencias informativas y conceptuales sobre la Carta a los Efesios como referentes. El autor provee un glosario al final del libro para facilitar la lectura y tener referencia de algunos conceptos teológicos abordados a través de la obra. La organización que el Rvdo. Elías Cotto Cruz utiliza es cónsona con la estructura del contenido bíblico en la Carta a los Efesios tal como aparece en la Biblia. Siguiendo esta secuencia observamos como el desarrollo de la

---

[1] Luis F. del Pilar y Juan Figueroa. Los Discípulos de Cristo en Puerto Rico: Nuestro Perfil Histórico. Miami, Florida: La Iglesia Cristiana (Discípulos de Cristo) en Puerto Rico. 2008.

revelación de El Misterio de Dios revelando en Cristo se va desenvolviendo en temas fundamentales para entender la fe cristiana.

Los tres temas principales de los dos primeros capítulos del libro se desglosan desde lo que es el misterio de Dios primero revelado en la unidad de Cristo, segundo revelado en la reconciliación universal en Cristo. El tercer capítulo se concentra en el ministerio paulino con los gentiles para dar a conocer a estos su inclusión en el Cuerpo de Cristo. Mediante estos tres títulos citados el autor nos guía en una mirada teológica desde los fundamentos de la fe cristiana hacia la misión que como iglesia nos corresponde realizar siguiendo el modelo de Cristo en su revelación del misterio divino.

La Cristología expuesta en Efesios y comentada por el autor del libro aquí reseñado invita a emular la encarnación de Cristo en la vida de la iglesia como servicio a la comunidad más amplia. La revelación de Dios en Cristo nos presenta un modelo eclesiástico que se inserta en el mundo para llevar la salvación a la gente y a toda la creación. El autor nos recuerda que el misterio de Dios revelado en Cristo dista mucho de la *fuga mundi* que en ocasiones tristemente se ve reflejada en los planes y ejecuciones de algunas comunidades de fe. El autor dice que, si seguimos el ejemplo del Cristo encarnado como iglesia, debemos vivir la praxis cristocéntrica de una misión única, centrada en un mesianismo avalado por Dios en todas sus dimensiones (Pág. 75-76). Esta praxis cristocéntrica nos lleva a reflexionar en el reflejo de Cristo a través de las acciones de la iglesia hacia los más desventajados y hacia dentro en nuestros propios sistemas religiosos. La cristología que se presenta en la reflexión es una balanceada entre una alta y una baja cristología, ya que contiene elementos de ambas y que apela a un entendimiento de Cristo desde el misterio de Dios revelado para la salvación. En el primer capítulo el autor nos lleva en una descripción profunda de la cristología balanceada entre el cielo y la tierra. Una cristología con los fines salvíficos del plan de Dios para toda la creación.

La eclesiología presente es una desde adentro del seno de la comunidad de fe hacia el mundo como misión divina encarnada desde la Iglesia. El autor identifica a la iglesia con Cristo como su razón y ejemplo para ser y ejercer su vocación en la historia de la salvación. El autor expone como el misterio de Dios revelado en Cristo se manifiesta a través de la iglesia como ente histórico y concreto de la misión de Dios. La labor de la iglesia es vista como reflejo de la obra de Cristo. Este enfoque nos continúa desafiando como comunidades de fe en un mundo tan cambiante y con los desafíos sociales, económicos y ambientales que representa el cambio climático en este tiempo para ser la iglesia que refleje el amor de Dios en nuestras comunidades. En resumen, esta lectura nos llama a caminar y actuar como Cristo desde nuestras acciones, desde adentro hacia afuera de la iglesia. El rol de la iglesia comprende compartir la salvación que a través de Cristo es para todos los pueblos de la Tierra.

La soteriología, como la teología de la salvación es otro tema fundamental que el autor trata desde las enseñanzas del apóstol Pablo a los Efesios. La salvación trasciende al pueblo judío e incluye a los gentiles no desde los planes humanos, sino desde el plan divino. El Rvdo. Elías Cotto Cruz dice en su libro que la gloria de Dios que vimos en Cristo posibilitó nuestra salvación y todo en función de su amor (Pág. 52). Es ese amor en la gracia inmerecida de Dios para con la humanidad que se concreta la salvación por medio de ese darse de Cristo mismo desde la cruz y desde el misterio de la resurrección. Por esto mismo el autor nos va guiando en la realidad de que Dios por medio del Espíritu Santo se encarnó en Cristo para hacer de la historia un lugar de continua salvación. La salvación es en continuidad y en alcance para todos(as). En el tercer capítulo del libro se enfatiza aún más en el carácter comunitario de la salvación en Cristo. Salvación que apela a todos los órdenes de la vida y que abre el camino para afirmar la lucha por la justicia y la vocación de servicio de la iglesia. El autor nos habla de una praxis evangélica de carácter mesiánico, profético y pastoral en Cristo que se encarna en nosotros como el modelo para nuestra conducta cristiana (Pág. 158). Esa conducta como hemos enfatizado, el autor la trabaja desde el interior de la iglesia hacia afuera. El enfatiza la importancia de la oración en términos de nuestras motivaciones para ella. El autor nos recuerda el propósito de la oración del apóstol Pablo, la cual se entronca en la vocación a la que fue llamado, por eso se refiere el autor a ella como una oración misionera (Pág. 152). ¿Cómo oramos? La oración con la intencionalidad alineada a los valores del reino o a los valores capitalistas y neoliberales de este tiempo es una reflexión que debemos realizar como creyentes y como comunidades de fe.

Realmente la lectura de este libro es una gran bendición y en mi perspectiva me llevó a reflexionar en mi fe cristiana y en afirmar las verdades centrales de mi fe en Cristo. Me hizo recordar ese momento de conversión a Cristo que fue en una temprana edad y a meditar en como el conocimiento de la salvación en Cristo ha ido evolucionando en mi caminar cristiano como parte de la Iglesia. Como pastora encuentro muy valiosa la aportación de este libro, el cual será parte de mis referencias no solamente para la preparación de un sermón o estudio bíblico sino como referente a las teologías cristianas como la cristología, eclesiología y soteriología presentes a través del libro. El desafío a ejercer el llamado ministerial a cada creyente como parte del sacerdocio universal se encuentra implícito a lo largo del libro del Rvdo. Elías Cotto Cruz.

Recomiendo la lectura y relectura de este libro tanto para creyentes como para no creyentes. El carácter universal de la obra salvadora en Cristo nos invita a compartir los esbozos teológicos contenidos en esta obra literaria para que otros conozcan de forma elocuente y diáfana el mensaje de salvación. La pastoral puede nutrirse de la lectura de este comentario teológico para encausar desde el púlpito sermones doctrinales que nos guíen a reflexionar y continuar aprendiendo acerca de la historia de la salvación y de las implicaciones prácticas que contiene. Este libro puede ser utilizado para el estudio bíblico en la congregación, para células de grupos pequeños en los hogares y en el templo. Sería una oportunidad extraordinaria recorrer estos tres primeros capítulos de la Carta a los Efesios con hermanos en la fe en conversaciones teológicas alrededor de las grandes doctrinas cristianas. El enfoque teológico, pastoral y práctico del Rvdo. Elías Cotto Cruz nos invita a repensar nuestros enfoques hacia la misión de la iglesia cristiana en este tiempo.

Me parece que el libro del Rvdo. Elías Cotto Cruz nos llama a revisar la esencia de nuestra fe, es un libro que nos lleva al origen de lo que somos como creyentes en Cristo y a reconocer el amor de Dios a través del alcance de la salvación. Entre tantos temas que se dilucidan en los libros cristianos de nuestro tiempo, es un regalo poder contar en español con la aportación bíblico-teológica desde la experiencia pastoral de un excelente y nítido servicio a La Iglesia en el contexto puertorriqueño del Rvdo. Elías Cotto Cruz.

El libro ofrece una dirección diáfana hacia donde los creyentes como parte de la iglesia debemos retomar la dirección de nuestra misión cristocéntrica que proclama la universalidad de la salvación en Cristo. Ha sido un gran privilegio para mi poder reseñar este importante libro que auguramos será de edificación para la iglesia. El libro nos invita a vivir, como el autor menciona, una espiritualidad solidaria que refleje el amor de Dios en Cristo para con toda la humanidad y con toda la creación.

Referencias informativas y conceptuales sobre el libro de los Efesios

I. Lo que nos dice la Biblia Latinoamericana

«La carta a los Efesios retoma muchas partes de la carta a los Colosenses, pero parece tener otro propósito. A diferencia de Romanos, Corintios, etc. Efesios no se dirige a una comunidad concreta que conoce al Apóstol y es conocida por él. Es enviada a un grupo de Iglesias para ayudar a los creyentes a profundizar su identidad como cristianos. Estos, que no han conocido personalmente a Jesús ni a sus apóstoles, deben descubrir que la Iglesia Universal a la que pertenecen ocupa un lugar central en el plan de Dios.

II. Lo que nos dice Riginold H. Fuller

El carácter general y su acercamiento impersonal puede explicarse indicando que Efesios surgió como una carta circular. El autor ubicado sobre una sucesión de Pablo y hablando con su autoridad anuncia la revelación de un misterio, un conocimiento profundo de la economía de la salvación en la historia (3.1 y siguiente), que los gentiles son compañeros herederos, miembros del mismo cuerpo (3.6). Esto, no obstante, no es totalmente nuevo: Pablo ha implicado lo mismo en la manera como ha trabajado el tema de la increencia de Israel según Romanos 9-11 (traducción nuestra).

III. Lo que dice Reina-Valera 1995

El pensamiento en torno al cual se estructura la Epístola a los Efesios es la unidad de la Iglesia y de toda la creación bajo el gobierno de Cristo resucitado (1.20-22a), en quien se han de «reunir todas las cosas ... en el cumplimiento de los tiempos establecidos (1.9-10)». Este es el propósito de Dios, mantenido en el secreto de su sabiduría (3.10) el cual ahora ha de ser revelado universalmente por medio de la Iglesia (3.10-11).

IV. Lo que nos dice José Miguel Miranda (Lecciones bíblicas)

El tema central de esta epístola es la Iglesia como cuerpo de Cristo. Habla también de la vocación a la santidad y pone de relieve temas tan interesantes como la elección, la predestinación, la adopción filial, la redención, el sello del Espíritu Santo, etc. Tiene aspectos paralelos con la carta a los Colosenses.

V. Lo que nos dice el Diccionario Ilustrado de la Biblia (séptima edición 1980)

La epístola a los Efesios: más que una epístola simplemente, este escrito es un tratado epistolar, quizás dirigido a los creyentes de toda el Asia Menor, especialmente gentiles (2.11, 19; 5.7s). Fue escrita si no juntamente, al menos muy cerca de la epístola a los colosenses, y muy probablemente llevada por un mismo correo, Tíquico (6.21,22; Col 4.7-9). Constituye una meditación sobre la grandeza del misterio de Cristo (1.9; 3.4s.) y la responsabilidad de la Iglesia en Él (2.10; 4.17ss.), temas ya tocados quizás al mismo tiempo que Colosenses (61-62 d.C., durante la cautividad del apóstol en Roma).

VI. Lo que dice el erudito C. H. Dodd

En la epístola a los Efesios tenemos, primero, en los capítulos 1-3, un largo pasaje que toca, más a modo de contemplación que de argumentación o exposición, los grandes temas del Evangelio, y luego, en conexión lógica, un pasaje de instrucción moral que comienza en 4.1.

VII. Lo que dice el Dr. Ediberto López

Quienes formaron el canon nos han presentado como la quinta carta paulina a Efesios. Los manuscritos de mayor autoridad no tienen la para «Éfeso». Parece ser más bien una carta general. Desde Erasmo de Rotterdam en 1516 se ha sospechado que Efesios es una carta muy paulina, pero escrita por alguno de sus discípulos más cercanos. La prosodia, lenguaje, sintaxis, partículas del idioma y algunos temas son distintos a los que encontramos en Gálatas. La dependencia literaria de Colosenses muestra que los discípulos de Pablo que escribieron Efesios tenían a Colosenses en la mano. El tema sobre la salvación de los gentiles por pura gracia como la revelación del misterio que le había sido revelado al Apóstol es coherente con la predicación de este. Las enseñanzas sobre los esclavos y el patriarcado (Ef. 5-6) difieren del pensamiento apostólico (Gál. 3.27). Algunos eruditos son de la opinión que Efesios se escribió para presentar un Pablo que fuera aceptable para el imperio romano y su visión de la sociedad humana patriarcal y esclavista. Si la carta es de Pablo directamente, nos presenta un desarrollo en su lenguaje y posiciones políticas (Gál. 3.27). Si es de sus discípulos, nos presenta un acomodo de la escuela paulina a circunstancias distintas donde se quería establecer legítimamente el cristianismo paulino como un movimiento religioso de ciudadanos que no amenazaban el estatus quo del imperio romano.

En resumen

Según los comentarios anteriores, tenemos ante nosotros un texto bíblico harto interesante. Algunos señalan que la epístola es paulina, otros prefieren adjudicarla a algún o algunos discípulos del Apóstol. Importante es acotar aquí que casi absolutamente todos concuerdan con el gran tema de la epístola: «la aceptación de los gentiles en el cuerpo de Cristo y por ende la unidad de la Iglesia, misterio revelado por medio de Cristo».

Rvda. Dra. Sary Nitza Rosario Ferreira
Pastora Asistente en Familia y Cuidado Pastoral
Iglesia Cristiana (Discípulos de Cristo) en Puerto Rico

CAPÍTULO UNO

MISTERIO REVELADO DE LA UNIDAD EN CRISTO

EFESIOS 1.10

ELÍAS COTTO CRUZ

Apostolado y vocación

«Pablo, apóstol de Jesucristo por la voluntad de Dios, a los santos y fieles en Cristo Jesús que están en Éfeso: gracia y paz a vosotros, de Dios nuestro Padre y del Señor Jesucristo.

Efesios 1.1-2

****

Pablo, el Apóstol de los gentiles manifiesta con devoción espiritual única el origen de un llamado vocacional: este tiene su razón de ser en la Persona de Jesucristo. Su apostolado es el resultado de la gloriosa expresión de la voluntad de Dios. Su llamado es del Cielo y, por lo tanto, tiene legitimidad espiritual. Su convocatoria apostólica se circunscribe a la voluntad de un Dios que reconoce el valor ministerial de su respuesta: el llamado lo hace responsable ante aquellos que esperan que cumpla con la encomienda divina. Quien llama, Dios, requiere diligencia apostólica. El enviado debe profundizar en el significado y propósito de la vocación que se le adjudica.

Pablo se sabe llamado para ejercer su vocación apostólica en una Comunidad específica, un área social delimitada, contextualización que le permite ser teológicamente práctico y funcional. Remite su epístola a cristianos cuyo talante espiritual se legitima y comprueba gracias a su adhesión al Señor Jesús. Estos son fieles cuyo testimonio refleja el seguimiento de los valores de Cristo. A ellos el Apóstol se refiere como objetos de la gracia y la paz, que en Cristo son la expresión de la dádiva de Dios. La gracia es el medio divino que permite la salvación y el encuentro con Dios. Ser objeto de la gracia de Dios es disfrutar del cumplimiento de una promesa divina, que en el orden revelacional de Dios confirma su fidelidad.

La gracia de Dios manifestada en Cristo produce una profunda satisfacción espiritual interior, la que celebra y evidencia una conciencia de reconciliación con Dios: esa experiencia subjetiva, más real de fe, es la paz. La paz que propicia la certeza de un nuevo estilo o modo relacional con Dios viene del Padre y del Señor Jesucristo. Tal comunión espiritual (por su origen divino) propicia la concreción del plan salvífico de Dios: el Padre y el Hijo, por su unión en favor del género humano hacen posible ese encuentro salvífico. La acción del Dios que salva es solo posible, gracias a la mediación teológica Padre-Hijo; y ese evento-revelacional es único e irrepetible. De ese proceso dialéctico se nutre la esperanza de salvación del ser humano, la que se cumple por tener un origen divino.

Una bendición celestial

***

«Bendito sea el Dios y Padre de nuestro Señor Jesucristo, que nos bendijo con toda bendición espiritual en los lugares celestiales en Cristo, ...»

Efesios 1.3

****

El Dios a quien servimos debe ser bendecido por su naturaleza celestial, sustancia espiritual que lo coloca sobre todas las cosas. Le adoramos por ser Dios verdadero, por ser único, sin necesidad de compararlo con lo que no existe. Por eso Dios es incomparable. Y Dios es objeto de nuestra reverencia por ser el Padre de nuestro Señor Jesucristo. Siendo el Padre de nuestro Salvador, Dios se encumbra sobre todo y como expresión de su gracia nos entrega su eterno Hijo. Esto lo hace saliendo de sí mismo, ya que el Hijo, es precisamente Dios como componente salvífico de la gloriosa Trinidad.

Alabamos a Dios por su amor, plasmado en la Persona que propició nuestro regreso al Creador. Esa Persona Jesús, es la que propicia las bendiciones necesarias para la vida. Cristo nos entregó la vida que supera toda contingencia existencial. Él llegó a los lugares celestiales, espacios trascendentales que superan lo finito de la existencia humana. Al hacerlo, nos permite vivir en la esperanza de alcanzar un día, nuestra ubicación permanente en ese Cielo. El lugar celestial, ganado por Cristo para nosotros, es hoy el motivo que nos inspira para vivir la fe que supera toda soledad existencial. Esos lugares celestiales son engendro del amor de nuestro Señor y por la fe en Él ya los disfrutamos en el aquí y en el ahora (Efesios 2.6). El Cielo, es entonces propiedad de Cristo y significa no solo un lugar sino la esencia de una esperanza cumplida. Saber que Cristo tiene bendiciones espirituales para nosotros en los lugares celestiales es motivo para alimentar nuestra fe en Él para seguir sus pasos de justicia y misericordia.

Si ya somos bendecidos, huelga todo sentimiento de frustración existencial y espiritual. Nada absurdo puede aplicarse a la vida, pues, esta tiene el sentido de gloria y de eternidad que viene de Dios. La vida entonces en su sentido óptimo es más que la que vivimos y esta, por proyectarse a la realidad de la eternidad de Dios en Cristo, adquiere un valor espiritual único. Lo finito que define el carácter transitorio de la existencia humana no cancela la bendición que produce saber que Cristo es hoy entre nosotros, Dios presente para llenar nuestra vida de sentido y de esperanza anticipada. El teólogo C. H. Dodd nos orienta de la siguiente manera: «Esta era la verdadera solución del problema presentado a la Iglesia por la desilusión de esperar ingenuamente que el Señor apareciera de inmediato; no el esfuerzo continuo e impaciente tras las señales de su venida que convertía la fe en fantasía y el entusiasmo en fanatismo, sino la realización plena de todas las profundidades y alturas de la vida sobrenatural aquí y ahora».

Escogidos en Cristo

«…según nos escogió en él antes de la fundación del mundo, para que fuésemos santos y sin mancha delante de él, …»

Efesios 1.4

****

Fuimos escogidos por Dios por medio de Cristo (predeterminados) desde antes de la fundación del mundo. En ese momento, según nuestra visión temporal, se engendró al centro del propósito eterno de Dios la creación de un ser humano que sería representado por el Hijo de Dios para su bien existencial y espiritual. Ser escogido por Dios es ser pensado por Él como causa generadora de amor. Tal generación anticipada por Dios en la eternidad ofrece profundas garantías valorativas (axiológicas) al ser creado y escogido, gracias a que dicha decisión eterna se concretiza en el Ser que transparenta la imagen perfecta de Dios. Ser escogidos en Cristo determina la posibilidad de mantener incólume una relación con Dios propiciadora de sentido, pues, es Cristo quien legitima esa relación, le da estabilidad, gracias al carácter trascendente de su gloriosa persona.

Solo Cristo puede garantizar la santidad de los que en Él son escogidos. Es mediante la adhesión a Cristo que los seres humanos podemos alcanzar santidad, es decir, ser reconciliados con Dios. Para restaurar la rota relación con Dios era necesario la incursión a la vida de un Ser del talante de Cristo, sin mancha, sin pecado. Esa esperanza transformadora solo se puede cumplir por el efecto de la divina llegada de Dios en la Persona de su Hijo. La poquedad de fuerzas del ser humano para cumplir con el reclamo de la santidad de Dios fue superada por una plusvalía moral y espiritual, solo concretada por Cristo.

El efecto de creer en Cristo y aceptar por fe que Él ha venido de Dios es internalizar esa dádiva de amor y responderle en consagración sincera. La respuesta humana a esa libre decisión de Dios que nos favorece en Cristo es responderle en santidad: definiendo nuestra fe en Él, como un imperativo espiritual categórico para seguir su Norte de justicia, amor y misericordia. Ser santo no es vivir la relación con Dios solo de manera mística, privada. Es por el contrario asirse a una fe que nos une a Cristo para salirnos de nosotros mismos, en altruismo compasivo, para erradicar toda mancha que nos aísla de los que en Cristo nos necesitan.

Adopción por amor

«…en amor habiéndonos predestinado para ser adoptados hijos suyos por medio de Jesucristo, según el puro afecto de su voluntad, …»

Efesios 1.5

****

En la mente eterna de Dios estuvo siempre presente incorporar en su seno de amor el universo del género humano. Dios engendra en su acto creador el objetivo primario de su voluntad: que el ser humano que sale de sus manos pueda optar siempre por la gran oportunidad de estar en todo tiempo al alcance su eterna presencia. Dios crea al ser humano para tenerlo cerca, viviendo al amparo de su voluntad amorosa. En ese sentido que transparenta el proyecto creador de Dios interpretamos la predestinación. Esta encarna el puro afecto de su voluntad, pues, Dios no es un simple alfarero cuyo único placer es disfrutar del logro artístico de su obra. Habiendo sido creados por Dios para sí, somos concebidos como seres vocacionados para estar siempre cerca de Él, y disfrutar de la gracia que de Dios tenemos.

Dios se propuso eternamente cumplir con la excelencia de su amor filial y para tan gloriosa obra de justicia propició la llegada de su Hijo al mundo. En Cristo, Dios formuló su plan salvífico al colocarnos al centro del carácter mesiánico de Aquél. En Cristo, Dios nos incorpora al pueblo que Él busca redimir. En Cristo, somos incluidos para que seamos Misterio de Dios revelado en Cristo beneficiados por su eterna promesa de salvación. Dios nos adoptó por medio de Cristo para incorporarnos en su programa divino de reconciliación: de esa manera somos hijos de Dios, no solamente expresión de su mano creadora, sino también porque por mediación de Cristo abrió para nosotros su amoroso corazón de misericordia. Al entregarnos su Hijo en sacrificio vicario Dios nos reclama para sí. Entonces la adopción, por ser el efecto del amor de Dios en Cristo, nos iguala al otro pueblo, a nuestros hermanos judíos, para quienes también Cristo vino: entonces, ningún pueblo queda exento del impacto amoroso de la voluntad salvífica de Dios. Allí en el calvario todos fuimos representados por Cristo. Una promesa cumplida por Dios. A todos los pueblos nos hermana el acto redentor de Dios en Cristo. Allí, en la cruz nace una comunidad universal, reconocida como creada y salvada por medio de Cristo.

Alabanza en la experiencia de su gloria

«...para alabanza de la gloria de su gracia, con la cual nos hizo aceptos en el Amado...»

Efesios 1.6

****

Como respuesta libre y sentida al Don de Dios, que es Cristo, el adorador reconoce la gloria de Dios. Con esta «doxa» quien se acerca al Creador y Salvador celebra su majestad, su alteza, soberanía y poder. Ese carácter exclusivo de Dios se refleja en la manifestación de su gracia. Todo lo que Dios quiere comunicarnos, todo lo que nos entrega en función de su amor se origina en el ejercicio de su misericordia. La gracia de Dios se transparenta en su praxis de compasión: los actos compasivos de Dios reflejan su gloria. Dios no se aferra ni se confina en su gloria y majestad para mantener su Divinidad fuera del alcance de los seres humanos. Dios es Dios para todos. La grandeza de Dios estriba también en el hecho de hacerse accesible a los seres humanos. Dios nos habla, nos ve, nos escucha y responde conforme a su buena voluntad.

Otra vez, es Cristo el Mediador que hace posible que la gloria de Dios nos alcance para aceptarnos como hijos suyos. Es por el Amado que la gloria de Dios no nos excluye del toque salvífico de su amor. En Cristo, la gloria de Dios se nos presenta como bendición que podemos disfrutar. La gloria de Dios que brilla en el Rostro de Cristo (Pablo), brilla también en nosotros y nos inspira para alabarle en cúltico reconocimiento de su amor. Un día, «mirábamos» a Dios de lejos, como un desconocido, como una ilusión etérea, desprovistos de un medio para incorporarlo en nuestra mente y corazón. Mas en Cristo, al manifestar su gloria en palabra y acción disfrutamos de la gloria divina que nos afirma como seres creados por Dios para Él. Por el Amado que llegó para acompañarnos en la esfera humana Dios hizo posible que su Divinidad se extendiera hasta nosotros sin perder su carácter eterno. En Cristo, el ser humano pudo ver a Dios, porque medió de la gracia que favoreció esa gloriosa llegada. Por eso Dios merece alabanza, es decir, reconocimiento de su gracia, propiciadora de su incursión salvífica a la historia. El Amado, que es Cristo, es el Hijo de Dios que media para que la gloria de Dios nos alcance y penetre la finitud humana. Esa es la expresión funcional de la gracia de Dios, razón por la cual solo Él merece alabanza.

Gracia y perdón

«…en quien tenemos redención por su sangre, el perdón de pecados según las riquezas de su gracia …»

Efesios 1.7

****

Esa segunda persona de la Trinidad, que es Cristo, el Amado, es el responsable divino y humano por nuestra redención. Redimir es rescatar, pagar la deuda que acuciaba a otro, incapaz de poder pagarla. Teníamos con Dios una deuda moral de tal naturaleza que solo Cristo podía pagar por su perfección moral y por su talante divino. La enormidad de nuestra deuda con Dios requería que se propiciara ante Él un evento de enorme trascendencia humana, que ni siquiera toda la humanidad podía realizarlo. Quien lo realizara tenía que llegar del mismo Dios, quien está por encima de todos los seres humanos.

Al asumir Dios su rol salvífico ante la indefensión humana se evidencia claramente su acción graciosa. Y esa gracia, es de tal naturaleza que puede ejercer su intención salvífica cubriendo en perdón la culpa de toda la humanidad en todas sus expresiones generacionales. Es la riqueza de la gracia de Dios en su máxima expresión. Porque la entrega del Amado, quien vicariamente rinde su sangre por nosotros, es el evento salvífico superior y el único que pudo mediar para liberarnos de la eterna condenación. La riqueza de la gracia de Dios se transparenta en la efectividad de esa entrega vicaria de Cristo y le da visibilidad a Dios, quien no es un Ser oculto, es Dios presente por su gracia, en el Amado que salva.

La culpa adscrita a la naturaleza y al carácter humano, enraizada en su debilidad existencial demandaba una entrega absoluta con sede en la vida y sangre del Redentor. Es entonces, por el derramamiento de sangre que podía operarse la remisión de los pecados: sangre por ser la constitución absoluta de la vida. ¡Al dar su sangre por nosotros Cristo dio su vida! Al derramar toda su sangre por nosotros la vida nuestra emergió alimentada con la esperanza de que creyendo en Cristo seríamos justificados en fe por ese valioso sacrificio vicario. ¡Y nosotros nada hicimos! Todo lo hizo Cristo. Y con Él nosotros fuimos incorporados al don de la gracia de Dios por quien subió al Gólgota llevando cautivos nuestros desaciertos. Somos frutos de las riquezas de la gracia de Dios: a ella debemos el don de la vida y nuestra salvación.

Sabiduría e inteligencia

«… que hizo sobreabundar para con nosotros en toda sabiduría e inteligencia, …»

Efesios 1.8

****

La sabiduría de Dios es la expresión de su dádiva de amor en la Persona de Cristo. Esta es, por ende, el criterio de su inteligencia única mediante la cual Dios ejercita su gracia y voluntad soberana para llegar a nosotros. El hecho de Dios acercarse a nosotros con intención salvadora, no mirando nuestras imperfecciones, es afirmativamente un evento de justicia superlativa. Que sobreabunde de Dios para nosotros su sabiduría como expresión de su misericordia para salvarnos define su carácter amoroso y su puntual interés por hacernos aptos de su eterna voluntad de amor.

La sabiduría de Dios que nos entrega la vida de su Hijo para morir en cruz por nosotros es por sí misma la defensa de su gracia y justicia. Ese acto salvífico concretizado a fuerza de dolor y sufrimiento de su propio Hijo es la razón mistérica de Dios, «paradoja dialéctica» incomprensible para la sabiduría humana. Mas del grado superior de esa sabiduría nace la reivindicación del ser humano con Dios, sin que medie como aportación de aquel ningún acto meritorio. Ante ese evento de insuperable sabiduría se devela para el beneficio del ser humano la esencia del Ser Divino: la gracia salvífica de Dios actúa libremente y al concretarse en amor para propiciar esa salvación, ratifica el valor trascendental de Dios y lo hace digno de ser alabado. A Dios lo conocemos porque un día ejerció su poder y naturaleza sapiencial en beneficio de todos los seres humanos.

La sabiduría y el conocimiento de Dios se encarna en acción restauradora en la realización de un ser humano nuevo, conforme al propósito de su voluntad. Su sabiduría es praxis de amor llevada al fin último de reconstruir al ser humano. Allí donde este necesita encontrarse con una opción espiritual que lo reintegre a Dios, emerge la voluntad divina para hacer posible esta fundamental necesidad humana. La sabiduría de Dios entonces, no se repliega a su propia gloria, honor y soberanía, sino que se hace visible en praxis de misericordia y justicia para el bien de la humanidad. ¡Y el poder de Dios y la sabiduría que perdona y salva, es Cristo!

Cumplimiento que experimentamos

«… dándonos a conocer el misterio de su voluntad, según su beneplácito, el cual se había propuesto en sí mismo, …»

Efesios 1.9

****

Dios en su soberanía, según el ejercicio de su divina voluntad, fijó para la historia humana un plan con injerencia salvífica. Dicho plan lo revela en función de hacernos accesibles a la develación de un misterio único válido para que el ser humano pudiese conocer lo que gravitaba por su mente eterna. El misterio es lo sacro de Dios, abierto al conocimiento de los que son la expresión de su poder creador. Ese misterio que entraña al Ser de Dios solo puede ser revelado por Él, siendo Dios mismo la Fuente de todo conocimiento concerniente a su naturaleza soberana y eterna. Lo que Dios revela es conforme a sus propios criterios y pensamientos que superan todo lo que el ser humano, por su carácter cognitivo finito, pueda imaginar. El beneplácito de Dios al revelar su voluntad propende a dar significado a toda la humanidad: esta adquiere un valor trascendental al ser objeto y beneficiarse del misterio salvífico de Dios.

Siendo Dios mismo la Fuente originaria de ese misterio, se garantiza para toda la humanidad una esperanza cumplida: el Dios que crea, salva, y de esa manera mantiene una relación creadora y constante con la humanidad. La eternidad de Dios no lo separa de los seres humanos, porque surge de Él, el propósito de acompañarlos siempre: Dios siempre es consistente con su Palabra y por ende en el ejercicio de su voluntad somos nosotros los que nos beneficiamos de lo que Dios promete y cumple. Dios es un Dios relacional, pues al crearnos empeña su fidelidad de mantener contacto y un impacto directo sobre nuestra vida. Ese contacto se verifica en la historia de manera empírica y puntual. Dios profundiza sus huellas divinas en la historia, misterio que solo puede ser apreciado por la fe: no lo vimos, mas creemos que un día la historia se hizo revelación gracias a la incursión de lo divino en su contexto existencial. El misterio de Dios entonces adquiere concreción histórica para que la humanidad se beneficie de lo que llega con Él: es la revelación de Dios en la Persona de Cristo. ¡Cristo es el misterio de Dios, revelación para salvar al género humano!

Cristo, único y necesario

«… de reunir todas las cosas en Cristo, en la dispensación del cumplimiento de los tiempos, así las que están en los cielos, como las que están en la tierra».

Efesios 1.10

****

El plan eterno de Dios, la máxima expresión de su voluntad salvadora se concretiza en la Persona única y necesaria: Cristo. Para concretizar el don de esa voluntad, Dios se transparenta en lo más sublime de su Ser; un Hijo eternamente presente en sus «entrañas» divinas. Cristo sale de Dios, co-sustancial con su Padre y por ende no creado. Cristo, entonces, transparenta a Dios como Segunda Persona de la Trinidad. Solo así, Cristo puede ejecutar el Plan salvífico de Dios, pues, al ser Dios también tiene el poder para completar lo que solo un Ser Divino encarnado puede hacer. La caída del ser humano fue estruendosa, y marcó su insuperable lejanía de Dios. Al desarraigarse de Dios por haber desobedecido, solo Dios podía salir en su búsqueda para así llevarlo a su seno salvífico y eterno.

En Cristo, entonces, Dios se propuso reunir todas las cosas; es decir, lo que separaba al ser humano del paraíso prístino. El ser humano solo no podía regresar a Dios, el abismo abierto entre ambos era infranqueable. Para que esa reunión de todo con Dios pudiese concretizarse era inminente una voluntad amorosa. El amor de Dios en Cristo y por medio de su entrega, posibilitó esa reunión. Lo separado solo puede unirse nuevamente si media el amor. Y este amor tiene que ser inconmensurable, capaz de concretizarse fuera del ámbito meritorio. Solo el amor de Dios en Cristo podía trascender toda relación de naturaleza jurídica para profundizar en la gracia de Dios como dádiva divina que encarna misericordia.

Y en el tiempo siempre bueno de Dios; en el nuevo eón de especial revelación, al centro de ese acto volitivo y en respuesta a su eterno amor, Dios llega para hacer posible un diálogo interactivo con todo lo que creó. En Cristo todo queda bajo su jurisdicción de amor. Cristo es hegemónico en su soberanía solidaria: Él rige desde un espacio de gracia que hace posible que los que viven bajo su «dominio» vivan sin coerción, libres en su sentir y dependencia con respecto de Aquel que los hizo libres. Entonces Cristo a fuerza de amar, es Señor, sobre todo y nada queda fuera de su poder redentor y soberano. El poder de Cristo se concretiza en justicia para afirmar que todo ser humano puede entrar en su Reino y allí, gracias a su amor, nos congregamos todos en un solo pueblo creado por Él y para Él. Realmente vivimos en un mundo creado por Dios y para Dios.

Nos dice el profesor Dr. José David Rodríguez en su libro <u>El precio de la vocación profética</u>: «La Iglesia es el Cuerpo de Cristo, al que pertenecen los que conocen el secreto de que el mundo ha sido reconciliado con Dios. Ella ha sido llamada a manifestar a los Principados y Potestades el proyecto secreto de Dios para el mundo. La iglesia es signo y primicia de la historia redimida. El Evangelio que ella anuncia es la riqueza inescrutable de Cristo, dinámica generadora de la nueva historia».

Esta perspectiva bíblica de Efesios nos indica que este es el mundo de Dios; objeto de su amor y escenario de su actividad salvífica. El misterio de la voluntad divina es un proyecto en orden a la restauración de la unidad del mundo. Dios nuestro

Señor no es indiferente a la suerte del mundo que Él creó. Lo sostiene y preserva con su mano paternal y benigna. A Él le importa el mundo de la naturaleza y el mundo de la cultura. Ambos constituyen el ámbito del ser humano, corona de la creación. El Señor es el que puso en marcha la historia, que es la esfera donde se realiza la libertad humana y se manifiestan la miseria y grandeza del ser humano».

Una herencia que perdura

« En él asimismo tuvimos herencia, habiendo sido predestinados conforme al propósito del que hace todas las cosas según el designio de su voluntad ».

Efesios 1.11

****

La herencia que se origina en Dios garantiza la perpetuidad de lo que es esencial para la vida. Porque la vida del ser humano concierne principalmente a Dios, su Creador y sostenedor. El amor de Dios no es una entelequia o un espectro con lo cual solo se pueda soñar o imaginar. El amor de Dios se entroniza fundamentalmente en el ser de la criatura humana para darle realidad empírica, espiritual y emocional. De esa manera Dios garantiza que el ser humano responda a sus criterios soberanos y justos: Dios crea para bien, crea para que el ser humano viva feliz, en respuesta a cómo el carácter de Dios se transparenta en él. Este lleva en su ser la impronta misma de la gloria de Dios, solo por el hecho de ser su criatura: la herencia que tuvimos en Dios define el carácter pleno del ser humano sellando en su devenir el plan salvífico de Dios.

Según el designio de su voluntad, Dios extiende su mirada hacia el fin de los tiempos. Este fin adquiere una dimensión escatológica en la Persona de Cristo, pues, con Cristo llega el periodo último de salvación histórica (Cristo es la máxima revelación de Dios en la historia). La llegada de Cristo a la esfera humana concretiza la voluntad de Dios como expresión absoluta de lo que Él es. El contenido de ese designio es Cristo, quien por su carácter y fidelidad revela la gracia de un

Dios verdadero. Cristo es el perfecto testimonio de Dios, porque lo concretiza en el sentido mesiánico de su voluntad.

En otras palabras, Cristo es el cumplimiento de la voluntad de Dios. Por medio de Cristo se evidencia el cumplimiento de lo que Dios se propuso hacer para incluir al ser humano, desde la eternidad, en la bendición mesiánica que solo su Hijo podía dispensarnos. Ese es el sentido de la predestinación: en el plan salvífico de Dios primaba el valor del sacrificio de su Hijo, divinamente pensado como norte gracioso de su voluntad. Toda la humanidad fue considerada por Dios como objeto de perdón en el Evento-Cristo. ¡Así es la voluntad de Dios! Su Hijo la comprendió perfectamente, y en cada una de sus palabras, así como en sus actos, transparentó el designio de esa gloriosa voluntad. La esperanza de salvación para toda la humanidad se cumple gracias a la obediencia del único que puede llevarnos al Padre: ¡Jesucristo!

Saber esperar en Cristo

«… a fin de que seamos para alabanza de su gloria, nosotros los que primeramente esperábamos en Cristo.»

Efesios 1.12

****

Al cumplirse el tiempo, la espera en Cristo se tornó en esperanza realizada. Lo escatológico se hizo presente en la historia para revelar a Dios en espacio y tiempo. La historia se llenó de presencia divina: «Dios con nosotros, Emanuel lleno de gloria y poder». Al cumplirse el tiempo de salvación en Cristo, el ser humano se torna en alabanza a Dios. Al recibir el inefable Don de Dios, como expresión de su amor y justicia restauradora, el ser humano es transformado y se convierte en «culto a Dios». Por medio de Cristo somos ofrenda para Dios. Cristo logró el cambio en nosotros y ahora somos su objeto de misericordia. Separados un día, ahora regresamos a Él porque Cristo nos encontró para el Padre.

La espera produjo efectos maravillosos para todos, porque esencialmente Cristo era el objeto de esa espera. Él tenía la prioridad en la expectativa humana. Esto era lo esencial para darle sentido a la vida. El Evento-Cristo en la historia es el Norte que orienta la esperanza, nada por encima de esa expectativa espiritual puede satisfacer la espera humana. Al llegar a la historia y por ende al mundo, Cristo hace posible ver la gloria de Dios, gloria que solo compete a Él por ser el Creador. ¡Cristo mismo es la gloria de Dios! Es la presencia de lo divino penetrando con su eternidad lo finito de la esfera histórico-humana.

Lo primero para nosotros es sabernos visitados por Dios en nuestro contexto humano. Este es el conocimiento más sublime que podamos alcanzar: que Dios haya descendido para que veamos su rostro amoroso. Apreciarlo de esa manera es percatarnos que tal evento de justicia, solidaridad y misericordia es inmerecido para nosotros. La gloria de Dios que vimos en Cristo posibilitó nuestra salvación y todo en función de su amor. En Cristo, Dios cumple su Palabra de gracia y amor, al hacernos receptores de la gloria de su Hijo. Entonces, vale la pena esperar en Cristo, porque Él nos ofrece la bendición de una esperanza cumplida. Y ésta, no solo para los judíos, sino para toda la humanidad. Dondequiera que haya un ser humano, allí Cristo es la esperanza de Dios actualizada.

Sellados por el Espíritu Santo

―――――――――――

«En él también vosotros, habiendo oído la palabra de verdad; el evangelio de vuestra salvación, y habiendo creído en él, fuisteis sellados con el Espíritu Santo de la promesa…»

Efesios 1.13

****

En Cristo Jesús la verdad de Dios se transparenta por medio de su Palabra. Con cada Palabra y acción Cristo concretiza los designios de la voluntad de Dios, y estos adquieren poder y gracia en beneficio de todo el pueblo. Lo que revela esa Palabra es el Evangelio, la magna noticia salvífica de Dios. Al ser Palabra de Dios este Evangelio por su poder redentor es insuperable. Nada mayor que esa Palabra puede pensarse, ni ahora, ni en el futuro. Porque es la Palabra que comunica vida, y ésta es el Norte que marca el derrotero de esperanza para todos los que creen que Cristo es el Mesías de Dios. Cristo es la promesa de salvación cumplida. Él es el principio espiritual y existencial que contiene y da testimonio de la vida plena: Cristo es el todo de Dios, y por ende al creer en Él nos beneficiamos del conocimiento de la Verdad de Dios.

Esa Verdad, que es Cristo nos incorpora en el plan salvífico de Dios al recibir el Don del Espíritu Santo. Al creer en Cristo somos sellados con el Espíritu Santo de la promesa. Este sello, garantiza nuestra íntima relación con Dios, pues, gracias al Espíritu Santo que se nos ha dado somos «propiedad» de Dios. El Espíritu Santo, como promesa de Dios cumplida, garantiza la continuidad del proyecto salvífico de Dios. Celebramos la bendición de ser acompañados por el Espíritu de Cristo en todo nuestro devenir histórico sea este puntual o contingente. Porque el Espíritu Santo viene de Dios, y quien lo recibe se «une» a Dios definiendo con Él seguridad salvífica y esperanza cumplida.

Cuando afirmamos nuestra fe en Cristo y lo hacemos con el propósito de servirle fielmente, se produce en nosotros una transformación espiritual prístina, es decir, se inicia un cambio trascendental que comprueba la acción plena de Dios en lo íntimo de nuestro ser. El sello del Espíritu Santo significa salvación conferida en el Señor Jesús por medio de su gracia. Es por el impacto de esa gracia que se nos entrega el Espíritu Santo como testimonio de la fidelidad de Dios. Por medio de su Espíritu, Dios se «mueve» para hacer de la historia un lugar de continua salvación. Al creer en Cristo somos bendecidos por Dios, pues, vivimos en la historia: ésta es lugar teológico donde Dios continuamente revela su Verdad de gracia evangélica y por medio del Espíritu de Cristo el amor salvífico no se detiene.

Un anticipo para el futuro

> «… que es las arras de nuestra herencia hasta la redención de la posesión adquirida, para alabanza de su gloria».
>
> Efesios 1.14

****

El Espíritu Santo nos llega como arras (anticipo) que, en el orden histórico-revelacional de Dios, expresa su cuidado y atención por quienes necesitan de ese Espíritu para dar fe de los valores del Evangelio. La herencia que nos corresponde como don del amor de Dios se verifica en el contexto del foro eclesiástico: y ese don anticipado es fundamental y por ende necesario para el ejercicio no solamente para fortalecer la vida interior sino también para responder con eficacia y responsable vocación cristiana a la misión evangélica. Si el Espíritu Santo está presente, esa vocación se enriquece y se convierte en el testimonio de una fe viva y convincente. Conforme a la voluntad de Dios tramitada a través del don espiritual de su herencia, la incursión de su Espíritu favorece el movimiento carismático de la Iglesia empoderándola para cumplir con su vocación teológica. Sin el Espíritu Santo es imposible vivir y disfrutar del contenido espiritual de lo que hemos recibido de Dios para capacitarnos en función de nuestro quehacer misionero.

El Espíritu Santo, llegado de Dios como anticipo a la culminación de los tiempos salvíficos, comprende el contenido y testimonio de la Verdad de Dios, pues fue factor fundamental en la realización del plan redentor de Dios en Cristo. Como Dios mismo, el Espíritu de Cristo crea conciencia de la necesidad de vivir bajo los gloriosos efectos de la redención y esos efectos se transparenta en la posesión espiritual del resultado de lo que Cristo hizo en la cruz del Calvario. El Espíritu Santo afirma esa redención y nos recuerda su trascendencia para la salvación del género humano. En el interín histórico del tiempo que vivimos y con miras a la ultimidad del escatón (tiempo final de Dios) el Espíritu Santo es la garantía de que el propósito salvífico de Dios se cumplirá.

El Espíritu Santo da fe y certifica con su presencia la gloria de Dios en medio de su quehacer divino. Y por esa gloria recibe la alabanza. Se alaba a Dios en vocación racional y espiritual cuando nos percatamos de su fidelidad eterna, que desde antes de la fundación del mundo ejerció su designio de voluntad libre para ofrecernos la herencia de su Espíritu. Herencia que permite la continuidad de su plan de justicia salvadora. Por eso le alabamos, pues, esa justicia es de tal naturaleza que refleja la gloria de Dios. Gloria por su amor, por su solidaridad; gloria por hacer de la historia lugar epifánico de trascendencia única. El Espíritu Santo, Dios también, penetra el espacio humano y nos ubica bajo la promesa de salvación y con su ayuda se cumple en nosotros.

Visión de fe y amor

───────────────

«Por esta causa también yo, habiendo oído de vuestra fe en el Señor Jesús, y de vuestro amor para con todos los santos, ...»

Efesios 1.15

****

Pablo es consciente de la excelencia espiritual de los efesios, carácter que se verifica gracias a la fe de éstos en el Señor Jesús. Porque este Jesús, es el Fundamento de la fe y el Centro motivador del amor que prima entre aquellos hermanos. Fe y amor, los cuales constituyen la base teológica que suscribe y comprueba la relación con Dios. Ese carácter cristiano es el signo evangélico que proclama en los tiempos la veracidad de la revelación en la Persona de Cristo Jesús. Fe y amor, simbiosis teológica que transparenta la praxis de justicia de quienes han creído que Jesús descendió del Padre para vivir al centro de su voluntad salvadora. Esta justicia, norte conductual del creyente, es el sello visible de su autoridad moral. Desde el Evangelio, y definiendo su naturaleza, se vive y se anuncia el sentido último de justicia que encarnó el Señor: su acercamiento a los demás para marcarlos milagrosamente con su misericordia.

El Apóstol celebra que el contenido de la fe de los efesios se evidencie gracias a su conducta de amor interpersonal. Verificar esta honrosa conducta cristiana es para el Apóstol de los gentiles una enorme gratificación espiritual. Es ver una vez más cómo la promesa de amor de Dios en Cristo se cumple en la vida de sus seguidores. El signo de la relevancia del amor de

Dios derramado sobre su Hijo es la impronta de solidaridad fraternal que inspira el carácter de los cristianos. La revelación de Dios en Cristo adquiere credibilidad y notoriedad evangélica en el testimonio de fe y amor manifestado por su pueblo.

Es imperativo para la fe que proclamamos ese encuentro fraternal, porque ese talante espiritual y existencial fue el norte teológico del mesianismo de Cristo Jesús. Ese testimonio de amor solidario orientado hacia «afuera» teniendo como objeto de justicia relacional a los demás deja atrás el énfasis en una piedad privada que solo busca la paz interior y una mística intrascendente. El anuncio evangélico es siempre para otros ya que es una noticia pública que ofrece el más grande mensaje jamás escuchado por el género humano: que la fe de la Iglesia en el Señor Jesús celebra como razón de ser la justicia mesiánica de Dios en Cristo. Justicia que nos impele a vivir en amor, buscando el bien común, como Él lo hizo. Justicia relacional que nos hermana a todos.

Oración solidaria

―――――――

«… no ceso de dar gracias por vosotros, haciendo memoria de vosotros en mis oraciones, …»

Efesios 1.16

****

La oración del Apóstol es solidaria, pues reconoce su grata experiencia con una Iglesia que le ama. Es una oración de acción de gracias donde prima el acercamiento a Dios con el único propósito de hacer memoria buena de los que han sido receptores agradecidos de su palabra y compañía. En cada momento oracional el recuerdo llega y media la inspiración espiritual para concretar un evento adoracional, cuyo fin es el valor relacional de la comunión con sus hermanos. Otra cosa centrada en sí mismo, ni siquiera peticiones de carácter íntimo, aflora en su desprendida oración. El Apóstol reconoce el valor de la hermandad que comprende esa conducta relacional: sabe que el Evangelio engendra koinonía y sincera fraternidad en los que reconocen la grandeza del Señor a quien sirven.

Su oración es constante, lo que da fe de la calidad de esa relación con la comunidad que ama. Otra vez se nos recuerda la trascendencia de nuestra relación de amor con los demás. Este fue el norte conductual del Maestro de la misericordia, cuya vida es el ejemplo del ser que vive para amar, y lo hace como eclosión de un glorioso desprendimiento de bondad. Quien impregna su tiempo de oración con una vocación comprometida con el amor a los demás, recapitula en su ser cada instante la vida plena del Señor. Lo actualiza como signo de que ese Señor penetró en su íntimo ser, al grado de colmar su oración y vida con el amor que recuerda la importancia y el valor de los demás.

La oración del Señor Jesús fue siempre solidaria y con devoción desprendida el Apóstol la emula. Este recuerda la oración del Señor por sus discípulos para que definieran su unidad en amor los unos por los otros, siempre teniendo como norte la relación eterna con su Padre. De la grandeza de ese Ser Superior, se alimenta el Apóstol. Él no conoce otra ideología ni filosofía de extracción humana: solo conoce al Señor que lo vocacionó para el apostolado. Y ese ser bueno conquistó su corazón y lo llenó de amor solidario. Solidaridad que en justicia relacional recuerda los que también han orado por él para que el Señor cumpla en él la esperanza que vivifica y da sentido a la existencia humana. Oración mayor es la que contiene el sello de una vocación centrada en el bien común: la oración mesiánica que llevó al Señor a dar su vida por los demás.

Conociendo a Dios

«…para que el Dios de nuestro Señor Jesucristo, el Padre de gloria, os dé espíritu de sabiduría y de revelación en el conocimiento de él, …»

Efesios 1.17

****

Conocemos al Padre de nuestro Señor Jesucristo precisamente por su Hijo. Lo conocemos por la fe que Él mismo nos prodiga: solamente por los medios de Dios podemos conocerlo. Es necesario que Él se revele para poder entender de qué se trata cuando hablamos de Dios. Y solo mediante la sabiduría que Dios nos dispensa podemos tener el grado de conocimiento de Dios que es necesario para el crecimiento y desarrollo de nuestra vida.

Para nosotros, conocer a Cristo es conocer a quien lo envía; Dios nuestro Padre. Ese conocimiento implica: saberlo cómo es, cuál fue el motivo de su llegada a la historia humana, y cuál es la naturaleza del futuro que nos ha legado. Jesucristo no es una idea, o un documento escritural que pueda estudiarse solo académicamente. Jesucristo es una Persona que habló y actuó en las distintas instancias de su vida. Como Ser venido de Dios, siendo también humano, es por ende un Ser especial. Se requiere sabiduría de Dios para conocerlo. Como Cristo es Dios, conocerlo es «entrar» con corazón humilde en el acercamiento a la naturaleza de Dios. Para apropiarnos de tal conocimiento, precisa de la gracia divina que en el nivel necesario (nunca absoluto) y viable lo permita.

El espíritu de sabiduría que pide el Apóstol para los efesios es lo que propicia ese grado de conocimiento del Señor Jesús. Para Pablo, es fundamental que sus hermanos en Éfeso conozcan el carácter de Cristo como Persona que es Hijo de Dios: su vida, su nobleza, su amor, su misericordia, su poder, su vocación mesiánico-profética, su solidaridad y la potestad que adquiere en la diestra del Padre a raíz de su resurrección. Prima en la mente del Apóstol el deseo de que quienes profesan a Cristo como su Señor, reproduzcan su modelo de justicia y amor.

Conocer a Dios es seguir el ejemplo mesiánico de su Hijo. El Apóstol hace un llamado a imitar el carácter del Señor como modo teológico de apropiarse del conocimiento de Dios. Conocer a Dios no es meramente una tarea de alcance catedrático o escolástico; tampoco gnóstico-elitista que implique superioridad intelectual y espiritual de unos sobre otros. Conocer a Dios es asimilar con praxis evangélica el contenido pastoral y profético de la fe que nos ubica en el acto de creer en Cristo. Creer en Cristo no es una afirmación cognitiva sin repercusiones prácticas. Es, por el contrario, apropiarse y vivir lo que Dios revela por medio de su Hijo único. Ese testimonio orientado en el carácter de Cristo es la impronta espiritual que ofrece credibilidad a la predicación del Evangelio.

Una vocación centrada en Cristo, en su Palabra y acción, solo puede ser inspirada por el Padre de la gloria. Porque de Él viene la sabiduría que opera en el que cree para conocer al Padre y al Hijo, ¡y todo lo que hacen! «Así dijo Jehová: No se alabe el sabio en su sabiduría, ni en su valentía se alabe el valiente, ni el rico se alabe en sus riquezas. Mas alábese en esto el que se hubiere de alabar: en entenderme y conocerme que yo soy Jehová, que hago misericordia, juicio y justicia en la tierra; porque estas cosas quiero, dice Jehová» (Jeremías 9.23-24). El norte para conocer a Dios no es la retórica sapiencial elitista, por el contrario, es seguir el camino de justicia y misericordia que Dios reveló y concretó en Cristo.

Para entender y vivir la esperanza

> «…alumbrando los ojos de vuestro entendimiento, para que sepáis cuál es la esperanza a que él os ha llamado, y cuáles las riquezas de la gloria de su herencia en los santos, …»
>
> (Efesios 1.18)

****

La fe que proclamamos con base en una sólida cristología (creer en el Cristo que nos salva) trasciende también a la razón y al entendimiento. Sin embargo, la fe no cancela la razón, pues ésta es parte esencial de la naturaleza humana. El conocimiento nos permite acceder al análisis crítico de las cosas para saber qué repercusiones tienen sobre nuestra vida. Todo lo que puede afectarnos de una u otra manera debe ser sometido a los criterios del entendimiento, y éste puede ser tanto espiritual como humano. Lo racional y lo espiritual pueden armonizarse para fines del conocimiento de aquello que concierne al contenido de la fe. Lo divino incide sobre la mente y también sobre el corazón. Lo racional, lo emocional y lo espiritual definen el carácter de lo que somos como seres creados por Dios.

El ser humano se alimenta de la sabiduría que viene de Dios para así poder accesar al conocimiento de lo divino, el cual está subordinado a sus evidentes limitaciones cognitivas y que responden a su naturaleza existencial. Así conoce entonces lo que es fundamental para la vida. Dios alumbra (capacita, inspira) el entendimiento para que se abra a la realidad de las cosas trascendentales. El conocimiento humano solo no es suficiente: es necesario darle espacio a la revelación para que ilumine la mente que busca respuestas a lo que empíricamente no puede conocer. Como el ser humano es creado por Dios, depende de Él para conocer lo que es esencial para relacionarse con ese Ser que es la causal de su existencia: solo Dios hace posible la comunicación con Él, ¡porque con tal dependencia nos hizo!

Y Dios, entonces, nos convoca a participar de la más sublime esperanza: el conocimiento para salvación de su Hijo Jesucristo. Lo esencial para el ser humano es apropiarse de los efectos de la encarnación de Dios en Cristo, esto es, creer en Él como el cumplimiento de una esperanza ya designada por Dios desde la eternidad. En esa esperanza se transparentan las riquezas de la gloria de Dios. La gloria de Dios en Cristo es la manifestación de su amor en la cruz donde el Señor nos redimió pagando Él lo que por nuestro pecado le «debíamos» a Dios. ¡Nuestra riqueza es el don de Dios en la Persona de su Hijo! Mediante ese don, se cumple la esperanza que nos llega gracias a la herencia salvífica que tiene su génesis en Dios. El Dios que llama a esa esperanza, es el que la realiza en Cristo. La esperanza es vida, perdón; y la certeza que caminamos con Cristo hacia un futuro ya garantizado, preparado en el Cielo y anticipado en la tierra. Conocer la esperanza, centrada en el don supremo de Dios, que es Cristo, es apropiarse del contenido de una revelación que por sus efectos en el bienestar de los seres humanos es insuperable. Definitivamente, el conocimiento más excelente es el que nos permite acceder al movimiento salvífico de Dios en Cristo. Cristo es el contenido de la esperanza y ésta se inserta de tal modo en el creyente que lo hace superar toda incertidumbre existencial, dándole sentido a su vida. La esperanza en Cristo es don de Dios y hace posible que aun en medio de las contingencias de la vida, sobre las cuales en ocasiones no tenemos control, podemos ser «felices».

El poder que nos beneficia

―――――――――

«… y cuál la supereminente grandeza de su poder para con nosotros los que creemos, según la operación del poder de su fuerza, …

Efesios 1.19

****

El Dios a quien servimos es harto poderoso y ejerce su autoridad divina libremente sobre todas las cosas, ante todo sobre el género humano. Dios es Dios no solamente en función de su amor, lo que en Cristo es evidente y notorio por su gesta salvífica, Él es también todopoderoso. La grandeza del poder de Dios define su naturaleza eterna y divina, su trascendencia, e inclusive su santidad indescriptible. Tal es la grandeza de su poder adjudicado a su Ser, que Israel solo pudo definir el Nombre de Dios como «El que Es», y de esa manera evitó atribuirle alguna característica humana. Al reconocerlo solo como «El que Es», certifica teológicamente su poder, es decir, su dominio sobre todo ¡desde la eternidad hasta la eternidad!

Mas ese poder de Dios opera desde su magnanimidad solidaria en beneficio del género humano. Al afirmar nuestra creencia por la fe en Dios se evidencia en nosotros la realidad de ser bendecidos por Él, gracias a su insondable poder. Dios opera sobre nosotros con fuerza, mas no con intención opresora (como en tantos lugares del mundo), sino para ser propicio a nuestra naturaleza humana. La fuerza de Dios es restauradora, propende a compensar nuestra finitud para darnos una proyección espiritual trascendente. Dios, mediante su fuerza, nos levanta para colocarnos en el Camino que nos lleva a su Presencia. Por el peso de nuestro pecado es imposible estar en pie ante Él. Sin embargo, Dios extiende su mano al levantarnos y colocarnos a su lado, donde nos sentimos seguros gracias al poder de esa fuerza que solo viene de Él.

Si el ejercicio del poder de Dios se concretiza en el ámbito de la existencia humana para favorecer el bien común de todos queda fuera entonces el pensamiento deísta que niega la inmanencia de Dios. El poder de Dios, inconmensurable como afirma el Apóstol, es el signo visible de su gloria: la que se transparenta entre nosotros en la Persona de su Hijo. ¡Cristo es el poder de Dios! En Él Dios hace posible que el poder de su fuerza venza todo lo que pudiese separarnos de Él. Esa separación que actuaba como un caos relacional, fue erradicada por el poder de Dios que crea un nuevo orden salvífico, promesa que se cumple en la acción mesiánica de Cristo. Dios ejercita su poder para crear: crea la vida y la sostiene; crea al hombre nuevo en Cristo y los fortalece con el poder de su fuerza.

Poder y fuerza para resucitar

«…la cual operó en Cristo, resucitándole de los muertos y sentándole a su diestra en los lugares celestiales, …»

Efesios 1.20

****

Poder y fuerza, milagro de Dios para levantar a su Hijo de entre los muertos. Esperanza cumplida en medio de las circunstancias más retantes, todo para darle a la historia de la revelación el más profundo sentido de gloria divina. Este evento de poder y fuerza se opera en Cristo; tenía que ser así. La resurrección del Señor es la prueba real y convincente de que Dios interviene en la historia humana. Otra vez el deísmo es superado. Dios crea el mundo, le da forma de cosmos para que funcione con orden y sentido, mas no lo abandona replegándose al amparo de su excelencia divina. Dios está presente en la historia humana para configurar su salvación en el libre ejercicio de su divina voluntad. Su designio de salvación se cumple en Cristo, en su tiempo, en el tiempo cuando es necesario que se transparente para el ser humano el milagro de Dios como expresión de su poder y fuerza.

Y el Nazareno es resucitado en el punto culminante de la intervención de Dios en el finito foro histórico. La historia de la salvación se inscribe en el devenir humano para llenar de esperanza a los que necesitaban a Dios. Ahora, para los que creen en el Cristo resucitado, todo es distinto pues ya es posible presentarse ante Dios. Al que cree, nada puede separarle de la gloria divina. Se derrumbó la pared que separaba al ser humano del corazón de Dios. El camino, antes vetado a esa gloria, se hizo posible pues la resurrección de Cristo se convirtió en la fe que conduce al abrazo solidario del amor de Dios.

    El que vivió y murió para salvar, ahora está sentado a la diestra del Padre. Diestra que significa poder y fuerza para regir con justa autoridad sobre todas las cosas. Allí, en los lugares celestiales, está quien supo vivir mesiánicamente en obediencia a la voluntad del que lo envió. Llegó para amar y amó. Llegó para pastorear y lo hizo con la altura de un Buen Pastor. Llegó para llevar sobre sus lomos santos los pecados de la humanidad, y los llevó a fuerza de dolor, ignominia y muerte. Por eso está allí, de donde vino, donde siempre estuvo como Verbo Eterno. Cristo volvió a su lugar de gloria y honor. Su permanencia en el Cielo es la garantía de una esperanza cumplida, la que evidencia el amor insondable de Dios.

Cristo reina, sobre todo

«...sobre todo principado y autoridad y poder y señorío, y sobre todo nombre que se nombra, no solo en este siglo, sino también en el venidero;

(Efesios 1.21)

****

Cristo, como promesa de Dios cumplida reina desde los cielos sobre todas las naciones y reinos. Decir desde los cielos es afirmar y describir la naturaleza única del carácter de su autoridad. Cristo está por encima de todas las cosas: nada en esta historia le supera en gloria y honor. Hemos reconocido la inmanencia de Dios, es decir, su presencia entre nosotros por medio de su Espíritu. No obstante, la realidad dialéctica con relación a esa presencia es fundamental: Dios está a la diestra del Padre y es el Señor de la historia. Esa única realidad que compete a Él, lo hace indescriptible en gloria y majestad. Por estar a la Diestra del Padre, Cristo rige en toda la extensión celestial y terrenal. Por lo que Cristo no es extraño a la realidad intramundana. A Cristo debemos verlo en lo que sucede en la historia, pues en ella Él ejerce también su señorío.

Estar sobre todo significa que Cristo, por su hegemonía celestial y terrenal, supera la importancia exclusiva que pueda reclamar cualquier sistema de orden político, cultural, social y económico. Todo lo que se desprenda de estas realidades histórico-humanas, como proyectos para articular conductas que de una manera u otra afecten a los seres humanos, debe tener como referencia ética el modo de ser de Cristo. Estar sobre todo nombre significa que Cristo sí es la medida de todas las cosas. Toda gestión de justicia, solidaridad y misericordia debe tener como marco referencial la gracia y el amor mesiánico del Señor. Porque Cristo es la esperanza mesiánica cumplida. Por medio de Cristo se insertaron en la historia los valores celestiales que radican en el Padre, sobre todo la excelencia del amor, principio fundamental para erigir la conducta individual y social.

El valor celestial y terrenal (histórico) de Cristo es eterno. Cristo, como poseedor de la gracia salvadora de Dios, es el mismo siempre. No existe en la historia un espacio o una circunstancia que opaque el señorío de Cristo. Los cambios históricos, sociales y económicos de ninguna manera colocan a Cristo en el pasado, como algo anacrónico e impertinente. Los valores del pensamiento cristocéntrico son permanentes porque son necesarios para orientar el carácter del bien común. El «siglo» con sus transformaciones científicas y tecnológicas no trasciende al valor de la fe que en Cristo proclamamos. ¡El don de Cristo es el mismo siempre! Porque al llegar a la historia, Cristo profundizó en lo que es esencial para la vida y lo que permanece: que todo lo que el ser humano haga, sea siempre en beneficio de los demás. Ese amor centrado en la «felicidad» de los demás es la razón de su señorío. Cristo reina, no para oprimir sino para crear las condiciones necesarias para que el ser humano sea libre de todo lo que lo ata a la carencia de sentido y significado en la vida. Sea el pecado individual o social, sea el racismo cruel o cualquier conducta que lesione la dignidad humana, bajo los criterios de la justicia de Dios son inaceptables. ¡Cristo reina para que también reine la justicia en las relaciones interhumanas!

La vocación de la Iglesia

«… y sometió todas las cosas bajo sus pies, y lo dio por cabeza sobre todas las cosas a la iglesia,»

(Efesios 1.22

****

El proceso teológico de salvación que se inicia en Dios-Padre continúa en la Persona de su Hijo Jesucristo. Cristo es la promesa de salvación cumplida. En Cristo, Dios como centro vital del amor que salva, se encarna con todo su poder. Cristo es Dios actualizado en el foro finito de la existencia humana. Dios como Padre continúa siendo Dios en el Hijo que envía al mundo. El Ser absoluto de Dios, su soberanía, grandeza y honor se objetiva con preclara plasticidad divina en Jesucristo. Dios entregó a su Hijo todo su Ser. Por eso Cristo es igual a Dios en sustancia lo que le permite hacer lo que hizo en el perfecto reflejo de la gloria del Padre (Juan 14.11). Por medio de la revelación de Dios en Cristo llega a nosotros el don de la divinidad de forma completa. Al llegar Cristo, Dios descendió para hacerse «visible» entre los seres humanos.

Cristo recibió del Padre el dominio sobre todas las cosas. La soberanía de Cristo se mantiene en todo tiempo y lugar. Todo está supeditado a Cristo, inclusive la historia donde Él ejerce su señorío teológico. Como Señor, sobre todo, Cristo relativiza el valor de todas las cosas. Éstas, entonces, deben operar para ratificar el señorío universal de Cristo. El valor de las cosas solo tiene sentido en su relación y dependencia del Señor Jesús. Nada vale por sí mismo fuera del orden revelacional de Dios en Cristo. Porque la trascendencia absoluta de Cristo sobre toda nación y sobre todo lo creado (incluye los seres humanos) determina su hegemonía vital en el ordenamiento de lo que es esencial para la vida: que el sentido último de lo que existe, principalmente la vida y su esperanza radica en Cristo (Juan 15.4).

Y toda esa gloria, la plenitud que Cristo recibió del Padre por extensión de su gracia, la transfirió a la Iglesia. Desde ese principio de gloria y poder la Iglesia define su vocación de fe. ¡Cristo se vació en la Iglesia por medio de su Espíritu! La vocación de la Iglesia tiene su origen en la gracia y el amor que definen el carácter de Cristo. Cristo es la única confesión que caracteriza la naturaleza de la Iglesia. Cristo es el credo de fe que sustenta lo que somos como Iglesia. La Iglesia define su fe en función con la naturaleza del Ser divino-humano de Cristo, por lo que su vocación es de una altura misionera realmente trascendental. ¡La Iglesia es absolutamente cristocéntrica! La Iglesia sigue la impronta del Modelo mesiánico y profético de Cristo. Por encima de los dogmas denominacionales se encumbra el carácter cristocéntrico de la Iglesia. Aquí en la historia, ¡la Iglesia representa a Cristo!

La plenitud de Dios, un regalo para la Iglesia

«…la cual es su cuerpo, la plenitud de Aquel que todo lo llena en todo».

Efesios 1.23

****

La Iglesia como Cuerpo de Cristo retiene la autoridad moral y espiritual para ofrecer al mundo el mensaje propicio que este necesita. Al ser Cuerpo del Señor, la Iglesia lo actualiza y así da fe de la certeza de la revelación de Dios. Al ser de tal modo la naturaleza de la Iglesia, la pertinencia del Evangelio se ratifica pues el contenido de éste y su trascendencia legitima el valor vocacional de lo que ella predica y vive. Ser el Cuerpo del Señor es transparentarlo en la historia. Es ser parte del proyecto salvífico de Dios en un plano escatológico intrahistórico. Es ser consciente de la inserción de seres humanos en la continuidad de la revelación de Dios. Sin espiritualizarla, la Iglesia es sacramento de Dios que comunica al mundo la gracia, fuente de donde surge la acción misericordiosa de Dios. En este sentido, la Iglesia unida a Cristo y recibiendo de Él los efectos portentosos de su amor, es el signo inefable de la presencia de Dios en el mundo.

Afirmar con el Apóstol que la Iglesia expresa la plenitud de Cristo, es aceptarla como la que reproduce en su naturaleza el carácter del Señor. Encarnar el «perfil» de Cristo es penetrar y seguirlo como Paradigma para toda conducta eclesial. Es asimilar e internalizar el ministerio histórico de Cristo y arribar con Él a la luz donde su amor llega a su máxima expresión. Para que la Iglesia viva la plenitud de Cristo, deberá vivir la praxis cristocéntrica de una misión única, centrada en un mesianismo avalado por Dios en todas sus dimensiones. Vivir la plenitud de Cristo es seguirlo fielmente en su trayectoria profética y pastoral, la que verificó de forma convincente su origen divino y por ende su íntima relación con el Padre.

Siendo la Iglesia el Cuerpo de Cristo o su plenitud (Pléroma), manifiesta en esa naturaleza la recepción del impacto de la gracia y el poder de Dios. Cristo recibe del Padre toda la plenitud de su Ser y lo «transfiere» a la Iglesia. En ese sentido es que la Iglesia (por ende, sus miembros) es bendecida por Dios. La Iglesia como Cuerpo de Cristo asume su vocación que su Señor le encomienda y lo hace reproduciendo el carácter de ese, su Pastor y Maestro. Entonces, donde está la Iglesia está el Señor. Allí la Iglesia recapitula la acción mesiánica de Cristo, y debe hacerlo como Él lo hizo, de lo contrario se enajena de la obra redentora del Señor. En la historia, la Iglesia es sierva de Cristo y llamada a reproducir su ministerio, cuyo contenido es sobresaliente en amor, justicia, solidaridad y misericordia. La plenitud de Dios que la Iglesia recibe en Cristo es su marca de poder para ser sal de la tierra y luz del mundo. Como Cristo tiene injerencia en todos para bien de la humanidad, así también la Iglesia.

CAPÍTULO DOS

MISTERIO REVELADO DE LA RECONCILIACIÓN UNIVERSAL EN CRISTO

EFESIOS 2.13

Vida espiritual y regreso a Dios

―――――――――――

«Y él os dio vida a vosotros, cuando estabais muertos en vuestros delitos y pecados, …»

Efesios 2.1

****

El que lo llena todo, porque es Señor sobre todas las cosas, nos dio la vida. La vida como don de Dios es la prueba convincente de la continuidad de su amor. Mas esta vida trasciende la creación de Dios en el orden biológico: es vida espiritual porque se inserta en la naturaleza moral y racional del ser humano. Es vida espiritual porque comprende lo que es esencial para el buen vivir: valores, pensamientos, sentimientos del corazón y fe. Es la vida que se relaciona con todo lo que nos distingue como seres creados por Dios para el diálogo, para la interacción social, para el amor creativo, para la paz y la justicia. Para esa vida como valor cualitativo de sentido y esperanza nos re-creó Dios, gracias a su Hijo que entregó su vida por nosotros.

Y esa vida, insuperable en calidad moral y espiritual, se ofreció en una cruz como gesto único de amor y libre voluntad. Una vida inmolada, grávida de méritos vicarios para alcanzarnos con su valor propiciatorio cuando estábamos muertos en nuestros pecados, Cristo nos ofrece por medio de su muerte. Es la paradoja de la fe, principio teológico que define el sentido de la salvación por medio de Cristo: ¡Uno que muere para darnos vida! A tal grado alcanzó nuestra condición pecaminosa que el precio que se requirió para el perdón fue la vida de Cristo, cuya santidad absoluta podía ser el pago necesario que requería Dios para una absolución total. Solo la pureza de Uno, orientada en gracia y amor, podía enfrentar y solucionar el gran problema humano del pecado que produce enajenación con respecto de Dios: ese Uno se llama Jesucristo, el único que puede dar vida permanente.

Porque estar muertos como secuela de delitos y pecados es sentirse fuera de la comunión con Dios. Equivale a un rompimiento con el amor divino. Esta ruptura con Dios nos lanzó a una angustia existencial que bloqueaba todo sentido de «felicidad» y de relaciones espirituales con el Hacedor, para ser de Él perpetuamente. Mas un día salimos de su recinto de amor creador y, en el ejercicio extraviado de nuestra libertad, emprendimos un camino que lamentablemente nos alejó de Dios. En el cumplimiento del orden salvífico de Dios, un Mesías llegó. Esperanza en mano, para entrar en el camino de nuestro extravío y llevarnos por otro Camino hacia el regreso a Dios.

Tiempo pasado y presente

«…en los cuales anduvisteis en otro tiempo, siguiendo la corriente de este mundo, conforme al príncipe de la potestad del aire, el espíritu que ahora opera en los hijos de desobediencia, …»

Efesios 2.2

****

Éramos de una condición mortuoria, sumidos en la secularidad de un estilo mundano de vida. El mundo era el espacio circunstancial donde el ser realizaba una vida trunca, un conato de existencia en el cual solo privaba la confusión espiritual y la inconsistencia ética. El mundo trazaba una corriente conductual que desvirtuaba los valores de la justicia de Dios. Era un tiempo donde toda decisión era nefasta, alejada de cualquier asomo de esperanza y virtud. El estilo de vida secular dominaba la razón y la fe que marcan la senda el buen vivir. En ausencia del contenido gracioso de la fe, prevaleció el imperio de una voluntad sin norte y entendimiento. Sin una voluntad centrada en Dios solo prevalecía la conducta errática que laceraba la paz interior. Ese era un tiempo que debe ser trascendido con la gracia de un presente transformado por Dios.

El Apóstol cataloga ese tiempo de caminar descarriado, como uno controlado por las más antagónicas potestades. Son los entes, extra mundanos, los que actúan para subyugar la naturaleza endeble del ser. Esta es una descripción aterradora del estado de esclavitud del ser humano. Una condición de indefensión, que cancela toda posibilidad de darle sentido a la vida. Aquí se describe la realidad de un ser humano atrofiado, huérfano de un ánimo que pudiese colocarlo sobre sus pies para enfrentar la vida con una visión alentadora.

La causal de esta conducta ajena a la voluntad de Dios es la desobediencia. Obedecer a Dios es colocarse en el camino de su voluntad salvífica. Desobedecer a Dios es desviarse por otro camino para llegar al derrotero humano, donde se enarbola el culto al ego, pretendiendo erradicar toda dependencia de Dios. Dolorosa a grado sumo es la búsqueda de la libertad fuera de Dios en onerosa desobediencia. Porque al optar por tal conducta se le da el espacio al espíritu que corrompe y lesiona toda voluntad que desde la experiencia con Dios se torna en conducta proclive a hacer el bien. El Apóstol nos recuerda ese pasado para superarlo con un presente centrado en la obediencia a Dios. Que ese espíritu secular que antagoniza con el amor redentor de Dios no opere jamás en nosotros. Que los hijos de desobediencia abran su corazón a la realidad de un Dios que busca alcanzarlos, para que vivan la esperanza que liberta y esperanza que se cumple en el Evento-Cristo; el que tiene el poder sobre todo espíritu y sobre toda potestad que pretenda destruir la integridad del ser humano.

¿Y qué de nuestros pensamientos?

«…entre los cuales también todos nosotros vivimos en otro tiempo en los deseos de nuestra carne, haciendo la voluntad de la carne y de los pensamientos, y éramos por naturaleza hijos de ira, lo mismo que los demás»

(Efesios 2.3).

****

En otro tiempo, sumidos en la lejanía de Dios y de su orden de alto sentido espiritual, perdíamos la oportunidad de crear pensamientos centrados en la voluntad de Dios. Esa dolorosa condición incluía a toda la humanidad: un mal universal que desvirtuaba la intención bondadosa de la creación de Dios. La criatura, que había recibido el don de la vida y el espíritu como lo más esencial de Dios, renunció a esa gracia para vivir conforme a sus criterios y éstos sin tener un marco de referencia divino. Salió de las manos de Dios para vivir sometido a una conciencia sin jurisdicción ética, en un espacio lamentable de moral trunca. Privó el yo universal de conducta desobediente, proclive a definir los valores fundamentales de la vida fuera de la justicia relacional con Dios. Conducta errática víctima de pensamientos extraviados.

Se encumbró sobre la humanidad los deseos de la carne, un énfasis marcado en los deleites humanos que polemizan con el espíritu. Una inclinación a lo intrascendente como norte conductual para la vida. La voluntad, divorciada de Dios, orientada hacia un hedonismo que solo buscaba el placer de los sentidos y no la altura de los valores espirituales. Se sustituyó a Dios por la nada ética, cayendo en un vacío espiritual que bloqueaba todo encuentro con el buen vivir para lo cual fue creada la humanidad. La naturaleza humana se corrompió a tal grado que la visión de Dios se convirtió en un doloroso espejismo, imposibilitado de marcar el rumbo de honor y gloria conforme a la voluntad creadora de Dios.

Entonces, Dios quedó fuera del proyecto humano: el devenir existencial cimentado en su amor creador perdió vigencia y notoriedad divina. Toda la humanidad se convirtió en un conato de creación volitiva de Dios, al desviarse por el sendero de la autosuficiencia. Al rechazar la orientación divina (dice el Apóstol), nos convertimos todos en hijos de ira; judíos, gentiles y por solidaridad humana también todas las generaciones. El mal se expandió por el mundo, cual nefasta influencia. Porque un mundo separado de Dios es solo una caricatura sin sustancia. Sin un norte ético que sirva de cohesión social el mundo se convierte en tierra de nadie donde cada cual es su propio dios. Es así que se pierde la esperanza en vivir para cultivar el bien común, porque ese mundo carece de fundamentos trascendentales, dolorosa situación cuando el orden natural de la vida sostenido por Dios se quebranta por la desobediencia humana.

Dios es rico en todo

«Pero Dios, que es rico en misericordia, por su gran amor con que nos amó, ...»

Efesios 2.4

****

Dios es rico en todo. Esto es, en toda la expresión de su carácter como eterno, soberano, poderoso y santo. También en función de su más perfecta e íntima relación con el ser humano como Dios misericordioso y amoroso. En esto último, su relación especial en la historia lo transparenta con quien se acerca a la humanidad para tener de ella compasión y misericordia. Por medio de su revelación en ese mismo evento, Dios al establecer contacto relacional con el ser humano se encarna en un plano de amor indescriptible: porque es lo infinito que se inscribe en lo finito, lo divino que se hace visible en lo humano. Un Dios cuya grandeza es inefable, «adviene» en naturaleza humana para que lo captemos en humildad visible, asentando su Ser eterno en vientre de mujer, gracias a la acción amorosa de su Espíritu.

Por amor, Dios se revela en Cristo. Al hacerlo, su misericordia adquiere notoriedad salvífica en beneficio de todos los seres humanos: porque la salvación de Dios es universal y no solo para los judíos. Dios, que es rico en todo, lo es también al incluir a todos los seres humanos en su plan redentor (Juan 1.11-13). En Cristo, Dios nos recibió y nos adquirió con respuesta a su misma naturaleza amorosa. Por ser rico en amor, éste nos alcanza, irrespectivo de nuestra condición humana: de origen racial, cultural o social. Los que estábamos condenados a muerte, ubicados bajo la ira de Dios, por nuestros pecados, fuimos beneficiados en favor misericordioso por el amor de Dios.

El amor y la misericordia de Dios es el contenido de su justicia, la que sobreabunda. La magnitud de la culpa universal, en su dimensión cualitativa y cuantitativa, era de tal naturaleza que requería un impacto de amor y misericordia enorme, fuera del alcance de nuestra comprensión. Ante tal manifestación de amor, el ser humano puede balbucear (Barth) cuando trata de hablar y definir a Dios. Solo le resta, en constante contrición, rendirle culto a modo de alimentar su ser interior de la gracia insondable de su misericordia. Solo le resta inscribir su vocación evangélica en el revelador contenido misericordioso del amor de Dios. Esa vocación recibe legitimación espiritual porque se nutre del mismo ejemplo de Dios en Cristo, la riqueza de Dios encarnada.

Muerte y vida

―――――――――――

«...aun estando nosotros muertos en pecados, nos dio vida juntamente con Cristo (por gracia sois salvos), ...

Efesios 2.5

****

El pecado fue instrumental para causarnos la muerte. Esta mortandad que asoló al género humano le distanció de Dios que por naturaleza es santo. Ante la santidad de Dios el ser humano tiene que replegarse y refugiarse en una infame negación: «Y el hombre respondió: 'la mujer que me diste por compañera me dio del árbol y comí'» (Génesis 3.12). Cuando la culpa se adjudica a otro para buscar la propia exoneración, se incurre en una transgresión onerosa, que ante la santidad de Dios se troca en un mal peor. El Apóstol, por el contrario, reconoce el efecto universal del pecado cometido por los primeros representantes de la humanidad en otro de sus escritos: «Por cuanto todos pecaron y están destituidos de la gloria de Dios» (Romanos 3.23). Y ese pecado quebrantó la unidad espiritual con Dios, provocando la muerte de todos.

Mas la vida asomó su faz un día, como secuela de la revelación de Dios en Cristo. Al asumir vicariamente aquella prístina transgresión, Cristo nos insertó en la vida que se origina en el Padre. La vida que define el carácter de Cristo como testimonio de su santidad se transfiere al ser humano como regalo inmerecido de Dios. Cristo, entonces, se hace solidario con el Padre, que tiene un derecho «jurídico» sobre el ser humano, lo que le permite esgrimir el castigo último para quienes desobedecieron (los seres humanos). En ese momento, dialécticamente Cristo media para que Dios perdone, al tomar el lugar de muerte que le correspondía a la humanidad. Por su obediencia al Padre, le transfiere al ser humano los efectos salvíficos de esa obediencia. ¡Y todo como expresión de su gracia! La gracia, que es el favor de Dios, es el efecto de un amor que para perdonar supera la carencia de méritos de los seres humanos.

Dios, al perdonarnos en Cristo, ejerce sobre la humanidad una praxis de misericordia, única manera de darle sentido a su injerencia en la historia. En ésta se verifica el don salvífico de Dios gracias al imperativo amoroso de su misericordia. El amor de Dios se comprueba en grado superlativo, cuando adviene como ser humano en la Persona de su Hijo Jesucristo. Y lo hace, irrespectivo del castigo que en «justa retribución» merece la humanidad. ¡Bendecido sea un Dios que tanto ama! La esperanza que viene de Dios cumple con su propósito salvífico, al trocar en vida la condición mortuoria de la humanidad, prueba evidente de que el Dios al cual servimos es Fuente de vida y no de muerte.

Un futuro realizado

«...y juntamente con él nos resucitó, y asimismo nos hizo sentar en los lugares celestiales con Cristo Jesús, ...»

Efesios 2.6

****

A la salvación operada por Cristo en la cruz, y por vía de su resurrección, la asignamos su pertinencia en la historia fundamental para el disfrute de una vida con sentido y avalada por la esperanza cumplida. Sin embargo, la salvación operada por Dios en Cristo tiene proyecciones que trascienden los tiempos por ser un evento que responde al ejercicio del poder y soberanía de Dios. Lo divino, lo que se centra en Dios como principio y fin de su acción, solo puede ser comprendido por medio del saber en fe, que es el medio de gracia que tiene su razón de ser en Dios. Es Dios el que configura en beneficio de los seres humanos. Todo lo que permite que éstos vivan una fe que alimenta su esperanza, mientras se enfrentan a las limitaciones existenciales del mundo y de su historia.

El ser resucitado con Cristo significa adherirse a las bendiciones y a todo lo que define la trascendencia de Aquel que obedeció al Padre en toda la extensión de su misión histórica. Todo lo que Cristo alcanzó durante su estadía en la tierra, como cumplimiento de su vocación salvífica, lo transfirió a los seres humanos como secuela de haber cumplido con la voluntad de su Padre. La representación que hizo Cristo del género humano, en su caminar por la historia, es completa y de esa acción perfecta. En el orden teológico, se alimenta la esperanza del ser humano mediante la fe en el que la hizo posible. Con Cristo hemos recibido todo lo que el Padre entregó al Hijo, porque para tal acción solidaria lo envió y así encarnar su amor entre nosotros.

Con Cristo, y en Cristo nada nos separa del Padre, ni siquiera el hecho de estar todavía morando en el tiempo y en la historia. Porque Cristo asumió nuestro tiempo para darle un sentido trascendental sin enajenarlo de nuestra responsabilidad social como seres individuales y comunitarios. Al asumir la realidad de nuestro ser en toda su dimensión espiritual e histórica, Cristo nos ubicó en el lugar celestial donde Él permanece como Señor y Dios. La expectativa de algún día estar con Cristo permanentemente ya es un hecho consumado. Ese fruto escatológico no es una utopía, pues por representarnos en su Persona glorificada en el Cielo, ya allí estamos sentados con Él.

Gracia y bondad en Cristo

«... para mostrar en los siglos venideros las abundantes riquezas de su gracia en su bondad para con nosotros en Cristo Jesús».

Efesios 2.7

****

Estar en Cristo, en los lugares celestiales, significa también que en respuesta a su gesta de amor y sacrificio Él pudo ganar para el género humano un futuro eterno. Futuro que en el tiempo de Dios es el cumplimiento de su promesa histórica, mediante la cual hizo posible la concreción de la esperanza. Todo el ser de Cristo, en el orden histórico y meta-histórico es la revelación de un Dios que le entregó el proyecto mesiánico de salvación. En su decursar histórico, Cristo transparentó el mismo carácter del Padre en función del pleno acercamiento a los seres humanos. Con su presencia en el Cielo, su ministerio histórico se llena de veracidad como anuncio anticipado de un futuro ya realizado. Con cada acción mesiánica de Cristo en la historia, el Cielo eterno de Dios se actualizaba como prueba inequívoca que el Dios del Cielo estaba con Él.

La llegada del Resucitado al Cielo para entronizarse como Rey y Señor, sobre todo, es la garantía de su relevancia perpetua como Redentor por los siglos de los siglos. Como efecto de su glorificación eterna, el evento salvífico realizado por Cristo se inserta en la historia y así perdura como expresión de su gracia y bondad la riqueza de su amor insondable. El Cielo, entonces, no separa a Cristo de los seres humanos. Su obra, instrumentada por su Santo Espíritu, se alimenta y recibe el favor de su estadía en el Cielo. En ese sentido el «Cielo» repercute en la historia eliminando toda separación entre Dios y los seres humanos.

Todo lo que los seres humanos necesitan para ser objeto de la cercanía de Dios se encuentra en la Persona de Cristo. Esto es posible porque en Cristo abunda la gracia que proporciona al ser humano lo que es esencial: la certeza de que ya no es un peregrino histórico sin un referente superior que dé sentido a su vida. En Cristo Jesús, Dios nos encontró para siempre por lo que ni siquiera el Cielo por su naturaleza eterna puede separarnos de Él. Al definir nuestro devenir histórico tenemos que ser conscientes cómo Dios muestra su amor, ejercitando su gracia eterna en solidaridad y bondad por medio de Cristo. En todos los siglos, es evidente la pertinencia de Dios. Como Señor de la historia, Cristo está siempre presente entre nosotros y es el marco de referencia para la vida y la conducta de todos los seres humanos.

Porque su gracia es rica y abundante, Cristo nos mira con misericordia desde el Cielo y en la tierra, uniendo así lo divino y lo humano para revelar que somos de Él. Ciertamente en Cristo no hay desfase entre el cielo y la tierra. Al Dios encarnarse en Cristo su revelación se plasmó en visión real, empírica y evidente. Lo divino y humano de Dios en Cristo convergen en la historia con garantía de perpetuidad. La gracia de Dios en Cristo se concreta en bendiciones experimentables en el devenir de los tiempos. En términos evangélicos el Reino de Dios tiene ribetes históricos, se cumple cada día, (Lucas 17.21) como secuela de los efectos trascendentales de la revelación de Dios. En todo tiempo Dios está presente para llenar la historia de su gloria y bondad (Mateo 28.20).

La fe como don de Dios

―――――――――

«Porque por gracia sois salvos por medio de la fe; y esto no de vosotros, pues es don de Dios; …»

Efesios 2.8

****

Mediante la gracia de Dios verificamos toda una historia de bendiciones y de movimientos divinos de justicia hacia el ser humano. El mismo evento creador de Dios, profundiza en su amor dejándonos ver el ejercicio de una voluntad centrada en darnos vida. Somos, gracias a la decisión eterna de Dios quien nos hizo teniendo como imagen su propio Ser. Por medio de esa gracia que nos crea como gesto glorioso de solidaridad, la sola fe se concretiza también como instrumento esencial de Dios para la salvación. La fe, entonces, transparenta el propósito salvífico de Dios haciendo posible el encuentro definitivo con Él. No puede haber acercamiento a Dios, si Dios mismo no crea el medio que lo hacía posible.

La fe, como medio divino de salvación, elimina cualquier esfuerzo de naturaleza humana que busque alcanzarla, no empece a las mejores intenciones del corazón o la mente. Si así fuera, entonces el ser humano nada debería a Dios; lo que podrá convertirse en autocomplacencia o en orgullo de índole personal. Otra vez, y en materia de lo más esencial para la vida que es la salvación, se confirma de forma inequívoca nuestra dependencia de Dios. Esa dependencia de Dios, en todo, cancela toda opción meritoria que pudiese ubicarse en la voluntad humana. Al atribuir a Dios, y por ende a su trascendencia e inmanencia en Cristo, lo determinante para la vida humana (que es la salvación), debemos definir nuestro carácter dentro de un marco de humildad. El fruto de nuestra fe en Dios es adherirnos a una actitud de contrición, para afirmar como el Apóstol Pedro: «Señor sin ti nada somos, y sin ti nada podemos hacer».

La respuesta humana ante el contenido salvífico de la gracia de Dios, que nos permite acercarnos a Él por medio de la fe, es de absoluto agradecimiento. Dios nos miró «un día» y cualificó nuestro pecado como el efecto de una conducta que merecía su total reprobación. Sin embargo, pasó por alto nuestras transgresiones, y en Cristo, perdonó toda conducta que nos separaba de su santidad. Conmutó la sentencia de muerte que teológica y jurídicamente se erguía sobre nosotros y nos preservó la vida. Esa exoneración moral y espiritual es el fruto de su justicia libertaria y la expresión a grado sumo de su gracia divina. ¡Dios es merecedor de nuestro culto y adoración!

No hay gloria humana

«… no por obras, para que nadie se gloríe».

Efesios 2.9

****

La gloria, en todos los aspectos de la vida, la historia y la creación natural, le corresponde a Dios. Como afirmó el filósofo griego Protágoras: Él es, y no el ser humano, la medida de todas las cosas. La gloria es manifestada en la Biblia como la expresión de la obra empírica de Dios. Su revelación en beneficio del género humano, sus actos de liberación con respecto de Israel y en Cristo para todos los seres humanos, constituye el develamiento de su gloria y poder. El ser humano solo participa de la gloria de Dios en todo lo que Dios hace, por el hecho de que al ser Su criatura recibe de Su Creador el impacto de esa gloria.

Nadie, entonces, puede gloriarse de algún aspecto cuantitativo o cualitativo de su vida. ¡Todo es de Dios! Lo que el ser humano posee para vivir creativamente la vida procede de la voluntad amorosa de Dios. Cuando alabamos a Dios, creamos conciencia de que esa alabanza le pertenece. Cuando ofrendamos, afirmamos que toda dádiva viene de Él y nosotros solo la administramos en mayordomía responsable. Como la vida es don de Dios, todo lo que vitaliza y la empodera responde al legado físico, cultural y espiritual de Dios. El ser humano, en su expresión individual y social, es el logro de la gloria activa y eficiente de Dios.

En el marco de la salvación, toda intención de reclamar gloria humana es solo un conato de espiritualidad. Todo afán humano para alcanzar el apoyo espiritual de Dios, en el orden del perdón y exoneración de la culpa individual y universal, es solo una utopía. El ser humano no puede salvarse a sí mismo presentando a Dios méritos de alguna trascendencia humana y espiritual. La salvación reviste un fundamento y origen divino-humano, dialéctica que solo se resuelve y conjuga en la revelación de Dios. La salvación es posible porque Dios entró en la historia por medio de su Hijo. La obra en la cual descansamos y confiamos para nuestra salvación, radica en el Cristo que fue a la cruz y allí la gloria de Dios se hizo pertinente, en paradoja de amor y justicia. Nuestra gloria entonces es Cristo. Nos gloriamos en su sacrificio vicario, suficiente para salvarnos. Dios obró salvación en Cristo una vez y por todos los tiempos. Nuestra fe se sostiene por la naturaleza eficiente de esa obra redentora. La gloria por nuestra salvación en Cristo pertenece solo a Dios.

Una nueva imagen en Cristo

―――――――――――

«Porque somos hechura suya, creados en Cristo Jesús para buenas obras, las cuales Dios preparó de antemano para que anduviésemos en ellas».

Efesios 2.10

****

Como expresión del amor de Dios, somos creados en Cristo con una nueva imagen. Es el ser que en Cristo es transformado. Por su obediencia a Dios, en función del cumplimiento de su misión salvadora, Cristo reconstruye la imagen de Dios en el ser humano. Como hechura de Dios en Cristo el ser humano transparenta el talante nuevo conforme a nuevos criterios de justicia, solidaridad y misericordia. Este ser nuevo, cuyo norte de palabra y acción es Cristo, vive la praxis del Evangelio; es decir, tiene un nuevo Paradigma para definir su vocación. Cristo se convierte en el Evento divino-humano en conformidad con la voluntad de Dios para crear un ser humano digno de asumir un rol creativo y moralmente necesario en el mundo donde le ha tocado vivir.

Desde esa nueva imagen creada en Cristo el ser humano asume una enorme responsabilidad existencial: vive en un marco histórico donde deberá centrar su vocación en respuesta a esa naturaleza transformadora. Su visión de las cosas propenderá a crear una expectativa de esperanza, aun en situaciones límites donde puede privar el pesimismo y desasosiego. Tal expectativa de fe será el fundamento espiritual que determinará el sentido para su vida. Como hechura de Dios en Cristo el ser humano reserva su libre albedrío, mas éste tiene como norte de discreción decisoria los valores paradigmáticos de Cristo. En Él, toda autonomía humana tiene un referente en el ejercicio de una conducta que busque el bien común y la solidaridad interpersonal. Nuestra libertad en Cristo favorece un encuentro fraternal con los demás, donde el Paradigma de Cristo es el contenido de esa justicia relacional.

La nueva imagen en Cristo responde al designio de Dios y fue configurada desde antes de la fundación del mundo. El contenido de esa nueva imagen responde a un carácter trascendental. Siendo así, trasciende lo que define la conducta cotidiana y tradicional de los seres humanos. Desde la nueva imagen de Dios asumida y concretizada en Cristo se define la naturaleza del ser que acepta ese Paradigma como su Norte existencial y espiritual. Esa nueva vocación conductual centrada en Cristo lleva la impronta de la voluntad de Dios. En otras palabras, el referente para la conducta humana radica en el designio de Dios en Cristo.

Por medio de su Hijo Dios habla y define el carácter de las buenas obras. Cristo transparenta de Dios lo que es justo, lo bueno, lo verdadero, lo misericordioso, es decir, todo lo que es necesario para la buena convivencia humana. El propósito espiritual y ético que Dios requería para sus seres creados por Él se cumplió en la Persona de Cristo, por ende, en los que siguen este glorioso Paradigma. La ética cristiana, desde la fe en Cristo, es universalista. Es guía y norte para todo esfuerzo que pueda hacerse desde distintas expresiones sociales, religiosas y culturales para plasmar el bien común entre los seres humanos. Los cristianos somos llamados a esa vocación, un imperativo categórico del Evangelio.

Lo que éramos

«Por tanto, acordaos de que en otro tiempo vosotros, los gentiles en cuanto a la carne, erais llamados incircuncisión por la llamada circuncisión hecha con mano en la carne».

Efesios 2.11

****

El Apóstol nos recuerda lo que éramos como gentiles en tiempos cuando prevalecía el «acomodo» de la elección divina al pueblo judío. En ese tiempo, ese pueblo llevaba como marca de relación con Dios. Entre otras cosas, prescripciones que tenían un referente físico, tales como la circuncisión. Ese referente adquirió notoriedad teológica al convertirse en signo de la identidad espiritual de los judíos. En cierto sentido, ellos «eran hijos de la circuncisión». O sea, este evento de naturaleza ritual los separaba del resto de la humanidad. Daba carácter exclusivo a su fe y por ende a su nacionalidad religiosa. La circuncisión, entonces, distinguía a los judíos, como un pueblo puro e intocable. Los otros pueblos, entiéndase los incircuncisos, adolecían de pureza; radicalmente podría decirse que eran inmundos.

El otro pueblo, era pagano y por ende estaba lejos de Dios. La ausencia de esa marca física o carnal en sus cuerpos era un estigma moral y espiritual. Quienes victimizaban a los paganos eran los judíos que, al hacerlo, quebraban todo vínculo de fraternidad con ese pueblo. La circuncisión se convirtió, creemos, en un pretexto de naturaleza religiosa y racial que dolorosamente sectarizaba la fe de un pueblo escogido y se cancelaba toda opción relacional con otros pueblos: se acrecentaba la hostilidad con otros seres humanos, enterrando la vocación solidaria para la cual fueron creados y elegidos.

Así, sumidos en ese discrimen social y religioso, vivíamos nosotros los gentiles. Por una marca en el cuerpo, lejos de Dios. Un signo externo desvinculado de la justicia relacional era óbice para ser considerados también hijos de Dios. Una marca en carne, sin adscripción a la fraternidad interhumana, se convirtió trágicamente en un obstáculo para crear una solidaridad universal que reflejara el propósito creador de Dios; el que desde un principio propendió a vincularnos unos con otros. Entonces florecieron dos pueblos que histórica y religiosamente definían su naturaleza existencial paralelamente, sin ningún vínculo relacional. Así éramos nosotros como gentiles, paganos que según los criterios legalistas y religiosos de la circuncisión (los judíos), vivíamos como escoria, en vergüenza, fuera y enajenados de Dios.

Promesa cumplida en Cristo

«En aquel tiempo estabais sin Cristo, alejados de la ciudadanía de Israel y ajenos a los pactos de la promesa, sin esperanza y sin Dios en el mundo».

Efesios 2.12

****

Era un tiempo en la historia de la salvación, cuando el pueblo gentil (pagano) desconocía el pacto de Dios con los judíos. Algunos pueblos, (Egipto Asiria, Babilonia, entre otros) mantenían en distintos niveles incidentales y volitivos contactos con Israel. Cada uno de ellos tenían sus propias creencias y alrededor de ellas, organizaban su sociedad. De esta manera, daban cohesión a sus culturas, sus gobiernos y al contenido de sus religiones. Lejos en el tiempo, un pueblo disfrutaba de una ciudadanía de carácter teológico, es decir, una dependencia existencial y espiritual de Dios. Disponían de un pacto centrado en principios éticos y sociales que orientaban la totalidad de sus vidas. Israel era el único poseedor de una promesa divina que le servía de norte para organizar su fe.

Este pueblo, ajeno a la promesa y al contenido de una ley que le vinculara con Dios jamás fue desahuciado, fuera del plan divino de salvación. La esperanza, ciertamente era una quimera más en función de la soberanía de Dios latía en lo más íntimo de sus conciencias. Sin embargo, esta esperanza no trascendía al foro existencial para orientar la conducta cotidiana. Era solo utopía, no obstante, ésta no determinaba el propósito universal de la salvación de Dios: la promesa, aunque desconocida por los no judíos, vibraba en la mente eterna de Dios. El Dios de Israel, de talante y naturaleza universal, conocía bien los tiempos y un día asumiría su rol salvífico para todas las generaciones.

La enajenación con respecto de Cristo es de hecho, el desgarramiento existencial y espiritual del ser. Estar sin Cristo es deambular por la sinrazón de una vida sin norte, de espalda a la esperanza que forma al ser humano en el crucial ámbito del sentido. Estar sin Cristo significa «vivir» sin un devenir con miras a un futuro que garantice el valor del presente. El que vive sin Cristo, es un ser vacío que ni siquiera puede apropiarse de sí mismo y pernocta en el límite de una autonomía que debilita su ser, pues ella no le permite encontrar su trascendencia, la que solo puede ofrecer Cristo por ser trascendente e históricamente pertinente. Estar sin Cristo es «vivir» sumido en un conato existencial y espiritual. Es vivir sin Dios en el mundo.

Recibidos por la sangre de Cristo

«Pero ahora en Cristo Jesús, vosotros que otro tiempo estabais lejos, habéis sido hechos cercanos por la sangre de Cristo»

Efesios 2.13

****

La expresión teológica «en Cristo Jesús» incide de manera elocuente en el pensamiento paulino. Estar en Cristo, significa participar de sus bendiciones en el contexto de lo que Él ha hecho posible por nosotros gracias a su entrega en la cruz. En Cristo y por Cristo es posible ser parte de la Iglesia y disfrutar con la comunidad de fe la esperanza que se concretiza gracias al amor de Dios. Y no es necesario la fidelidad a tradiciones antiguas donde figuraba un encuentro con leyes muy difíciles de cumplir, pues éstas manifestaban o exponían la fragilidad humana. Por medio de Cristo se puede entrar a una relación con Dios, facilitada por una muerte vicaria. En Cristo se objetiva el amor de Dios y este supera como medio de salvación todos los intentos humanos que anteriormente buscaban una relación propicia con Dios.

Conforme a los ritos veterotestamentarios, el sacerdote sacrificaba un cordero u otro animal completamente sano, y sin rasguños, en propiciación por los pecados del pueblo. Sin embargo, ante la reincidencia de los hebreos, el rito sacrificial se repetía constantemente (otros pueblos ofrecían sacrificios a sus dioses). Mas aquí nos interesa el aspecto tipológico: cada sacrificio representaba la realidad de otro mayor y único, concebido en la eternidad de Dios. En cada sacrificio latía el signo prospectivo de lo que en otras dimensiones y con otro carácter moral y espiritual significaría el que propiciaría otro Cordero, el cual no llegaría del campo, alimentado con «manos humanas». El Cordero que quitaría el pecado del mundo, vendría de Dios.

Y así, en el cumplimiento de los tiempos de Dios, llegó el Señor. Él sería entonces el Cordero que Dios ofrecería, ya no en el altar del templo y sí fuera de la ciudad. Su sacrificio sería en el altar de la historia, en una geografía abierta al mundo, sin adornos frívolos y sin ceremonias místericas. Allí el Cordero de Dios derramaría su sangre, la única que podía ser medio de perdón, justicia, compasión y misericordia. Era la sangre de un Cordero sin mancha, libre de contaminación humana. Era la sangre de Cristo, quien en su íntegro ser transparentaba la gloria de Dios y su amor inefable. Y el Cordero fue llevado al Gólgota que no radicaba solamente en aquel distante lugar, sino en todos los lugares del mundo. Allí vicariamente ofrecería su sangre y lo haría solamente una vez, pues era el sacrificio perfecto, el que cumplía con la voluntad de Dios. ¡Este sacrificio por su valor humano, no se repetiría jamás! (Hebreos 9. 25-26)

Una pared derribada

«Porque él es nuestra paz, que de ambos pueblos hizo uno, derribando la pared intermedia de separación, …»

Efesios 2.14

****

La paz de Dios, la que se fundamenta en el Evento-Cristo, es el principio esencial para la vida. En Cristo convergen todos los valores necesarios para el logro empírico del sentido creativo de la existencia humana, en el orden individual y social. Cristo, como Valor Supremo de Dios, es el Norte para la justicia y la solidaridad interhumana. Él es la paz por crear y por su talante trascendental, el Paradigma insuperable para la conducta de todos los seres humanos en todo sistema social y político. ¡Cristo es el Modelo para el bien común! Su acercamiento a la historia del ser humano es salvífico, y por consiguiente profético, pastoral, sacerdotal y ontológicamente humano. Cristo asumió nuestro ser para afirmarnos y al hacerlo validó convincentemente nuestra trascendencia como personas. Él puso a nuestra disposición todo lo necesario para colocarnos al centro de su voluntad salvífica aun en medio de nuestra finitud humana.

Dios nos creó para ser seres comunitarios: somos también, solidariamente para los demás. En la formación de nuestro carácter, con base en el crecimiento y desarrollo de nuestra personalidad, necesitamos del resto de la sociedad. Respondemos a la imagen colectiva de un Dios Creador, que a su vez es Trino, por su naturaleza eterna y por su movimiento salvífico hacia el género humano. La supervivencia humana se garantiza mejor cuando creamos conciencia de que nos necesitamos mutuamente, porque el fin de la creación fue precisamente una de carácter solidario. Por esto, debemos ser conscientes de que la vida social con sentido se construye desde el entendimiento del hecho que no estamos solos en el mundo que hay otros pueblos y otras culturas con las cuales, sin perder nuestra integridad, podemos interactuar.

Necesario era un «eslabón», también de carácter trascendental, que fuese el vínculo de justicia inter relacional. Ese eslabón que creara las condiciones esenciales para vivir en fraternidad y con sentido comunitario. El Apóstol nos habla de una dolorosa división que polemiza con la intención unitaria de Dios. Un abismo infranqueable que por razones étnicas y religiosas privaban entre dos pueblos y más aún en toda la humanidad. Mas Dios un día envió al único que podía quebrar ese doloroso y antagónico signo de separación y enemistad: Jesucristo. Eliminó, en función de su amor redentor con visos universales, todo lo nefasto de la separación. Creó como instrumento mediador la gracia que une, el amor que trasciende las diferencias y la justicia centrada en la misericordia. Esa es la paz, la que se alimenta del fruto de un sacrificio que por amor buscaba la unidad de todos los pueblos. Por su amor inclusivo, Cristo es el referente inequívoco y necesario para crear la buena comunicación entre los pueblos; sin muros físicos, raciales o culturales que cancelen el espíritu de civilidad para el cual somos creados por Dios.

Nueva creación en Cristo

«…aboliendo en su carne las enemistades, la ley de los mandamientos expresados en ordenanzas, para crear en sí mismo de los dos un solo y nuevo hombre, haciendo la paz …»

Efesios 2.15

****

Cristo echó sobre su Cuerpo todas las relaciones que eran óbice para el encuentro fraternal entre los seres humanos. La enemistad entre los pueblos es un signo de nefasta separación, que cancela toda posibilidad de un diálogo creativo. Dios nos hizo para la comunicación solidaria, que permite un encuentro entre sociedades, culturas y todo lo que propende a crear las condiciones fundamentales para el bien común. Recordemos que somos seres gregarios, sociales, hechos para el intercambio de las dinámicas experienciales y cognitivas que definen nuestro carácter. Las enemistades coartan el libre encuentro con el propósito cósmico que se propuso Dios al crear los seres humanos. Fuimos creados para el orden, para una interacción simétrica que permitiera la colaboración de unos con otros. La enemistad es causal de un pírrico entendimiento entre los pueblos, es una emoción negativa que obstruye la construcción de la paz.

Dios hace la paz en Cristo al liberalizar el carácter mandatorio de la ley, transformándola en reclamo ético de amor y misericordia. Al hacerlo, la ley reguladora se subordina al deber fraternal, es decir, al encuentro con los demás sin ninguna restricción de carácter legalista: «se convierte entonces en la ley relacional del amor». Esa relación de amor, propiciadora de paz interpersonal, se inserta en el corazón y es expresión absolutamente volitiva del creyente en Cristo. Queda fuera cualquier intento de obediencia jurídica a la ley como instrumento relacional. A partir del encuentro con Cristo, el creyente desarrolla una gloriosa vocación de amor. Este testimonio relacional es el efecto espiritual categórico de creer en el Evento-Cristo. Quien cree y valora el sacrificio por amor de Cristo en la cruz, recibe la inspiración para amarlo y desde ese amor se compromete a amar a los demás, eliminando cualquier resabio de enemistad.

Por su sacrificio de amor y justicia liberadora Cristo crea una nueva relación entre los pueblos. La enemistad social y religiosa de carácter radical que privaba entre ellos es superada por una nueva visión de justicia centrada en la respuesta amorosa de Cristo en la cruz. Es en la cruz donde se derriban todos los muros que separan a los seres humanos porque el norte relacional único para unir es el efecto redentor y perdonador de la cruz de Cristo. La única manera de hacer la paz entre los pueblos es apropiarse del contenido amoroso y misericordioso de la cruz de Cristo. Los pueblos entonces «mirarán» ese amor para emularlo como vínculo relacional entre ellos. Es el amor de cruz vicario de Cristo el Paradigma para la unión entre los pueblos. Esa unión fundamentada en ese amor es el contenido de fe esencial para la creación del «hombre nuevo». La paz interpersonal e internacional solo es posible cuando se edifica sobre el Paradigma de amor, el Norte de justicia relacional para todos los tiempos: Jesucristo.

En torno a la paz que Cristo propicia para así crear un ser nuevo, nos dice J. Moltmann: «Con su muerte en la cruz Cristo acabó con la enemistad: la enemistad del hombre consigo mismo y con sus semejantes, la enemistad del hombre con la naturaleza y la enemistad entre las fuerzas de la naturaleza misma».[2] Realmente la muerte de Cristo incide en la unidad cósmica del ser humano, erradicando todo lo que pueda ser un obstáculo para el disfrute del bien común, el cual ha sido un legado glorioso del Evangelio. ¡Ese es el efecto puntual de la paz de Dios!

---

[2] Jürgen Moltmann, *La justicia crea futuro: política de paz y ética de la creación en un mundo amenazado* (Santander: Editorial SAL TARRAE, 1992), 97.

Un solo cuerpo, fundamento de la unidad

«… y mediante la cruz reconciliar con Dios a ambos en un solo cuerpo, matando en ella las enemistades».

Efesios 2.16

****

Para crear un solo cuerpo que pudiera ser el cumplimiento del proyecto salvífico de Dios era necesaria una medida divino-humana radical y única. Esa medida, al ser por su necesidad y justificación de naturaleza radical, contenía en esencia una trascendental praxis de entrega sacrificial. La cruz es el evento histórico-teológico de mayor trascendencia en el plan salvífico de Dios. Este evento redentor es el acto divino más convincente que muestra el carácter amoroso de Dios: la entrega en cruz de su único Hijo (Juan 3.16). La eficacia y pertinencia del evento salvífico en la cruz, responde al origen y naturaleza del que muere en ella. Por medio de la cruz, la «credibilidad» de Dios se confirma abiertamente por la calidad del Don que nos entrega. Al asimilar el significado de la cruz como secuela de creer en el amor del que allí muere, somos testigos del valor perdonador de tan inefable evento. La cruz es el punto de partida para que todo lo que nos separaba de los demás, y por ende de Dios, fuera erradicado.

Solo Cristo puede ser el propiciador del evento salvífico crucial para la preservación del género humano. Al morir en pena de cruz, Cristo mantiene viva la esperanza de la continuidad de la existencia humana en el orden individual y social. Dividida la humanidad, por razones sociales y religiosas, no era posible garantizar la continuidad de la humanidad sobre la tierra. La enemistad entre hebreos y gentiles era óbice para crear espacios de solidaridad que propendieran al encuentro fraternal. Esa enemistad entre pueblos era el signo nefasto del pecado. Pecar, en ese sentido, significa separación. Otra vez, Dios crea a los seres humanos para vivir en comunidad, compartiendo todo lo que define la naturaleza existencial y espiritual de lo que Dios ha creado.

El clima hostil entre los pueblos propicia lamentablemente el racismo, es decir, la creencia de que los otros son inferiores, débiles (Nietzche); y sobre todo se les cosifica demonizándolos por su color u origen étnico. La muerte vicaria de Cristo crea un solo cuerpo, libre de prejuicios sociales y raciales. Ese cuerpo se alimenta para su transformación moral y espiritual del Paradigma de justicia y amor que es Cristo el Señor. En la cruz muere lo que crea la irracionalidad del discrimen cualesquiera sean sus razones. ¡Porque el que allí muere, lo hace por todos! Se erradican las enemistades cuando se «mira» al alto de la cruz y por la fe en el que allí muere, abrazar esa justicia que nos convoca a vivir la solidaridad.

En un solo cuerpo, el de Cristo, se aprecia el valor de lo único que puede reunir (Tillich) a todos los seres humanos: el amor incondicionado de Dios. Todo lo que nos separaba de Dios en el orden genético, social, político y nacional, queda erradicado por la justicia y el amor del que dona su vida por nosotros. El proyecto de unidad que pueda darle sentido moral al ser humano deberá alimentarse de ese cuerpo. En Él, radica el principio único y exclusivo que engendra la gracia salvífica del amor que nos une a todos y a Dios. Este valor solidario de la salvación, que nos incorpora a todos en el proyecto evangélico de Dios, solo es posible en Cristo Jesús.

El que vino, es nuestra paz

*****

«Y vino y anunció las buenas nuevas de paz a vosotros que estabais lejos, y a los que estaban cerca; ...»

Efesios 2.17

****

En el cumplimiento de los tiempos de Dios, Cristo vino y ello implica que antes estuvo en la eternidad de Dios, como Dios. Procede del Padre, como el único Ser que puede salir de Él, para hacerlo visible y venerable en la historia. Al salir de Dios, de manera distinta a la creación, Cristo preserva la misma sustancia de Dios. Él es Emanuel, Dios con nosotros. Ahora el ser humano no puede sentirse solo, lanzado a la existencia para «vivir» en un vacío ontológico: porque en Cristo se completa como ser creado para Dios. Dios se hace hombre en Cristo y así se solidariza con él, acompañándolo en su devenir histórico. El ser humano no es un «absurdo» (Sartre), por el contrario, es la expresión del amor de Dios que lo crea para sí. Al asumir la naturaleza humana, Cristo posibilita la permanencia de Dios en los seres humanos y para que la gloria de Dios brillara también sobre ellos.

La entrega de la Buena Nueva contiene innumerables bendiciones para la humanidad. Es en primer lugar el descorrimiento del velo que antecedía a la llegada de Cristo y así se posibilitó la entronización histórica de Dios con Rostro personal. Es el encuentro Yo-tú, el Yo divino y el tú humano. Ese encuentro entre lo Divino y lo humano es también la paz de Dios, la entrega de lo trascendente que propicia el acceso de los seres humanos a la alegría que produce dicho encuentro.

El Dios que llega en Cristo es la paz, ¡porque no hay paz si Dios no está presente! Cristo es el Shalom de Dios; el que crea en la persona un sentimiento absoluto de seguridad existencial.

La paz de Dios que nos permite disfrutar de ese sentido existencial (que es mediatizado por su encarnación en Cristo) tiene extensión y vigencia universal. Esa paz no hace acepción de personas, razas, culturas o naciones. Dios, en Cristo, alcanza para salvación los que estaban lejos, fuera de las bendiciones del Pacto con Israel. El pueblo gentil fue injertado con vida permanente en la promesa salvífica de Dios (Juan 1.11-12). Los cercanos, es decir los judíos, tuvieron la gran oportunidad de ser «anfitriones» del Ser Personal de Dios en Cristo y a pesar de que algunos le recibieron, otros le rechazaron. Mas por medio de un pequeño número de creyentes, el Evangelio alcanzó notoriedad como el mensaje de paz para el mundo conocido entonces. De esa tradición misionera apostólica se alimentaron otras naciones en el decursar de los tiempos.

La paz de Dios es el encuentro (por medio de Cristo) de todas las naciones. La paz de Dios entonces es unidad internacional y encuentro de todos bajo la soberanía de Dios, entregada a Cristo con valor universal y eterno (Juan 14.7). Las Buenas Nuevas de paz son desde Cristo y en Él, el lugar de encuentro para un proyecto de solidaridad universal. La paz de Cristo hace posible que nadie viva enajenado del don amoroso de Dios. Por medio de ese amor los que están cerca y los que están lejos se unen en un solo pueblo libre de ideologías marginantes y separatistas. A partir de Cristo y como secuela de la victoria pascual, se crea la oportunidad de vivir en comunidad, sin fanatismo religioso cuyo norte es un fariseísmo exclusivista fuertemente denunciado por el Señor.

El Espíritu nos lleva a Dios

«…porque por medio de él los unos y los otros tenemos entrada por un mismo Espíritu al Padre».

Efesios 2.18

****

El Apóstol es consciente del factor divino de la Trinidad en el movimiento de Dios hacia los seres humanos. El modo de ser Trino de Dios fundamentalmente necesario y práctico para el encuentro de Dios en el marco histórico de la salvación. La revelación especial de Dios se concretiza en el foro humano de tal forma que nada queda fuera de su injerencia salvífica: Dios penetra en función de su poder, amor y justicia todas las circunstancias que afectan en formas distintas la vida de los seres humanos. Nada falta de la acción de Dios en la humanidad que Él creó, en todo momento le acompaña, cubriendo todas sus necesidades salvíficas. Cada modo de ser de Dios es único, eficaz y pertinente en el devenir histórico de los seres humanos. Como Padre que ama envía a su Hijo, el que ofrece su ser íntegro en muerte vicaria y dolorosa de cruz; como Espíritu, Dios ejerce su función inspiradora para que el ser humano valore e internalice ese evento insondable de amor y responda aceptando por la fe la trascendencia de ese insuperable acto misericordioso.

Solo podemos llegar a Dios por medio de lo que Él ofrece en función de su gracia y amor. Dios, por medio del Espíritu de Cristo, mediatiza nuestra entrada a su presencia. Es desde la concreción del Evento-Cristo en la revelación salvífica de

Dios que podemos ser objeto de la incursión del Espíritu Santo en la vida de todos. La entrada a Dios no es un asunto o proyecto denominacional. Con frecuencia el denominacionalismo nos separa por su énfasis exclusivista en materia de santificación. Nos cancelamos paradójicamente unos a otros dando lugar a sectarismos que no expresan una correlación espiritual con el Cuerpo de Cristo. Por medio de su Hijo, Dios nos entrega el don de la unidad cristiana. Y esa unidad entre todos los seres humanos es posible si se acepta la mediación del Espíritu.

Aunque lo dicho anteriormente puede ser considerado como una utopía filosófica debemos ser conscientes del carácter de nuestra fe, que jamás renuncia a los efectos misericordiosos de la esperanza en Cristo. Porque todos podemos llegar a Dios por medio de lo que no responde a prescripciones humanas y sí a la mediación de Dios. El criterio para llegar a Dios es Dios mismo, pues el juicio humano tiende a separar; ya que no tiene como norte de justicia la gracia y el amor que definen el carácter de Dios. A Dios, en Cristo, debemos la salvación gracias a sus criterios de misericordia. Esos criterios los asume el Espíritu Santo y por su amor los «adjudica» a todos (a los unos y a los otros) con la libertad y justicia que solo compete a Él por ser Dios también.

Somos familia de Dios

«Así que ya no sois extranjeros ni advenedizos, sino conciudadanos de los santos, y miembros de la familia de Dios, …»

Efesios 2.19

****

Desde el principio Dios nos creó para ser familia, es decir, somos llamados para vivir en comunidad, solidarios unos con otros. Queda afuera como posible opción para la vida todo individualismo centrado en un ego existencial que nos enajena de los demás. En Cristo, y por medio de Él, se crea la gran posibilidad de ser familia de Dios. Él crea las condiciones necesarias y fundamentales para vivir la vocación familiar. Lo fundamental es el amor que une irrespectivo de diferencias raciales, culturales o de cualquier otra naturaleza: ¡y ese amor tiene su origen en Cristo! Pueden dividirnos muchos aspectos de la vida social y como ésta se configura en razón de las creencias y filosofías de vida. No obstante, en Cristo somos llamados a la solidaridad inter-social, con base en el amor que supera toda diferencia. En Cristo todos somos pueblo de Dios, una comunidad universal centrada en la gracia divina que no hace acepción de personas.

Ya en Cristo, y por Cristo, se erradica todo lo que nos separa del Dios Padre. Ante Dios no somos extranjeros; somos expresión de su inclusivo amor, el que comprende su infinito grado de justicia. Cristo nos acercó a Él, llevándonos al lugar donde pertenecemos. En Cristo recobramos nuestra celestial ciudadanía, la que nos ofrece entrada a Dios, sin tener que «renovarla» diariamente. Esa ciudadanía divina nos confiere identidad y da sentido ético, moral y espiritual a nuestra vida. La ciudadanía celestial es don de Dios y hermana a todos los pueblos. Para accesar a ella no necesitamos leyes que la convaliden, pues Él es el camino abierto a Dios. Para llegar a Dios las puertas del Cielo están francas, pues Cristo es la Puerta por la cual podemos pasar para el encuentro definitivo con Dios.

A Dios no podemos llegar solo esgrimiendo documentos nacionales, espirituales o denominacionales con sede en lo puramente humano. Solo llegamos al Padre gracias a la santidad de su Hijo Jesucristo. Cristo es el «pasaporte» eterno hacia la meta permanente que Él configuró para nosotros. El documento de trámites para llegar a Dios, lo firmó Cristo en la Cruz del Calvario. Esa firma contiene la impronta de su sangre. Nada puede borrarla, pues ya radica en el Cielo con gloria y majestad a la Diestra del Dios Padre. Desde ese lugar eterno se extiende la soberanía y libertad para todos los seres humanos. Cristo es el Dios Soberano y su Reino es en el Cielo y en la tierra. Esa soberanía de Dios sobre nosotros nos empodera en amor para ser solidarios con toda la humanidad, los que están cerca y los que están lejos. La soberanía de Dios no se ejerce coercitivamente sobre nosotros, sino que es el garante de nuestra libertad, la que disfrutamos con espíritu libre con el resto de los hijos de Dios. Por la soberanía y libertad de Dios ya no somos advenedizos. Somos parte dentro del orden universal-comunitario del amor de Dios, reunidos bajo ese gobierno justo que un día propició nuestro Señor y Rey, ¡Jesucristo!

Jesucristo, piedra angular de la fe

«... edificados sobre el fundamento de los apóstoles y profetas, siendo la principal piedra del ángulo Jesucristo mismo, ...»

Efesios 2.20

****

Aunque la palabra religión no es exclusiva de la Biblia, se entiende que aquella dentro de la fe cristiana define el carácter de la «relación con Dios». Esta relación se fundamenta en la fe: «Ante el glorioso mensaje de salvación hay una fe que responde de parte del hombre; la fe que consiste en una confianza como de un niño en la gracia de Dios, y que se convierte a la vez en fuente de amor para Dios y de dedicación a su servicio».[3] Esa fe, que opera por la gracia de Dios, es el principio y objetivo fundamental que mueve al ser humano hacia Dios. La fe es el contenido de la «religión» que nos une a Dios y que legitima lo que proclamamos como Evangelio. Esa fe en Cristo es el fundamento de los apóstoles. No existe otro fundamento (1 Corintios 3.11). La palabra y vida de Cristo es un Paradigma de fe que debe ser emulado.

Sobre el testimonio de Cristo se erige el anuncio carismático, como punto de partida para la enseñanza apostólica y norte «direccional» para la misión. Sobre ese fundamento, bien definido por los apóstoles, se edifica todo lo que procede en la continuidad de la vocación evangelística. Apóstoles y profetas (predicadores) solo cuentan la praxis

---

[3] Louis Berkhof, *Introducción a la teología sistemática*. (Grand Rapids, Michigan: Libros Desafío, 2002), 105.

revelacional de Cristo, para legitimar la credibilidad de su mensaje. De esa praxis se alimenta la fe que profundiza en el carácter verídico de la predicación evangélica. Más que una «religión» centrada en retórica espiritualista la fe cristiana, es una vivencia que se origina en una revelación histórica experimentada por los apóstoles. El Evangelio, por ser histórico y relevante en su contenido de fe, trasciende lo mítico y se muestra como un acercamiento real de Dios al género humano.

La Iglesia erige su fe sobre la realidad de unos hombres que fueron impactados por la personalidad de otro Hombre. La Persona de Cristo, por su carácter distinto y único, determinó el contenido de la fe de los apóstoles al grado convincente de creer en Él y así seguirle bajo los parámetros de su acción. Aquellos apóstoles existieron solo una vez, con ellos terminó la trascendencia de la única relación «personal-apostólica» con Cristo. **Como ellos, ya no existen apóstoles**. Como don de Dios se preservan sus enseñanzas, elementos fundamentales para la continuidad de la revelación de Dios. Esa continuidad, garantizada por la presencia del Espíritu Santo, llega hasta nosotros para no desviarnos del contenido prístino de la fe. La fuente apostólica de lo que predicamos y vivimos es la expresión de la gracia de Dios que en Cristo garantiza que el Evangelio tenga un valor permanente.

Creciendo en el Señor

«… en quien todo el edificio, bien coordinado, va creciendo para ser un templo santo en el Señor, …»

Efesios 2.21

****

Dios nos convoca en Cristo para que crezcamos en la fe que tiene como fundamento la fuerza del lugar teológico donde se origina. Como toda acción y propósito del Dios para los seres humanos, el fundamento teológico adquiere legitimidad y veracidad porque se sostiene en la grandeza del Evento-Cristo. Cristo es superior a todo: a los patriarcas, a los sacerdotes, a los profetas, a la ley. Cristo es la medida de todo lo que nos conduce al Padre. Él es el Norte de la justicia que valoriza al ser humano y lo hace apto para conocer a Dios. Por eso Cristo, y solo Él, es el Centro de la fe que proclamamos. «Y en ningún otro hay salvación; porque no hay otro nombre bajo el cielo, dado a los hombres, en que podamos ser salvos» (Hechos 4.12). Cristo es la insuperable revelación de Dios y solo ella hace posible que podamos crecer en Él.

El edificio, que es la Iglesia, crece como un templo donde Dios se revela para recibir el culto (latría) que le reconoce como Señor y Dios. La Iglesia crece en el conocimiento de la fe que orienta su naturaleza como Cuerpo de Cristo. La santidad de la Iglesia estriba en su autoconciencia de ser medio trascendental escogido por Dios para darle continuidad al plan salvífico de Él en la historia. En ese sentido, la Iglesia crece cuando su santidad se «expone» lanzándose al mundo para dar fe de su origen cristocéntrico. La santidad de la Iglesia no la enajena del mundo, ni de la historia. Tal aberración teológica sería la negación de la fe y convertiría a la Iglesia en mero adorno social sin trascendencia espiritual: enajenarse del mundo significaría darle espacio a la injusticia y hacer insulsa su estadía en la tierra. Una Iglesia anquilosada en la historia es mero conato de fe, esquiva de la vocación que le da sentido.

Desde el fundamento cristocéntrico, la naturaleza de la Iglesia es crecer. En tiempo de persecución, cuando su fe recibía el fuerte del reto pagano, la Iglesia crecía. Tertuliano decía: «La sangre de los mártires es la semilla de la Iglesia». La naturaleza mesiánica de su Fundador no abriga otro derrotero que no sea crecer en misión. La santidad que compete a la Iglesia se traduce en vocación cristiana, de lo contrario se negaría al Paradigma de la justicia que es Cristo. Santidad sin misión es solo narcisismo religioso, aislamiento vocacional que lesionaría el propósito evangélico de Dios para la humanidad. La santidad de Cristo lo llevó a la cruz y con su sangre santificó a su pueblo, separándolo para que siguiera su ejemplo diaconal en beneficio de los demás. La santidad de la Iglesia es la expresión de su crecimiento y desarrollo en beneficio de un mundo que añora ser conducido a Dios por el camino de la solidaridad, la justicia, la fraternidad y la misericordia. Ese es el contenido de la fe y el Norte teológico-eclesiástico de la santidad.

Edificados por el Espíritu

«… en quien vosotros también sois juntamente edificados para morada de Dios en el Espíritu».

Efesios 2.22

****

Por medio del Espíritu Santo se concretiza la morada de Dios en la Iglesia como comunidad de fe y en sus miembros individualmente. Cada creyente es objeto de la presencia del Espíritu Santo en el contexto de su vida interior, y esa gloriosa realidad responde a la gracia de Dios y a la naturaleza espiritual de la Iglesia. Estar en la Iglesia es ser partícipe de la entrega de Cristo por medio de su Espíritu. El creyente debe crear conciencia del carácter espiritual y por ende trascendental del hecho de ser miembro del Cuerpo de Cristo, que es la Iglesia. Como morada de Dios, la Iglesia transparenta el honor y la gloria del que hizo posible que el Espíritu Santo la penetrara para vivir en ella permanentemente.

La edificación de la Iglesia, función del Espíritu Santo, se concretiza dentro del contexto inclusivo que define el carácter y la extensión de los que la componen. Juntamente edificados significa que el Espíritu Santo no hace acepción de personas y que en ese cuerpo Dios ofrece su gracia a todos por igual. Sobre las bases de esa edificación, (crecimiento y desarrollo integral de la Iglesia) y al ser ésta la expresión de la obra del Espíritu Santo es que se produce la unidad de la Iglesia. La recepción del Espíritu Santo como parte del don de Dios repercute en la Iglesia, creando un glorioso ambiente de unidad y fraternidad. El Espíritu Santo produce en la Iglesia todo lo necesario para que esta sea el verdadero Cuerpo de Cristo. Y este Cuerpo entraña acción divino-humana, que se traduce en misión para encarnar en la historia la naturaleza paradigmática del mesianismo de Cristo. La edificación de la Iglesia, como función del Espíritu Santo, entraña entonces la respuesta cristocéntrica al mundo; desafío trascendental que desde la fe no debe eludirse.

Si Dios mora en la Iglesia por medio de su Espíritu, entonces todos sus miembros reciben el impacto y la gracia que ese Espíritu confiere conforme a su divina naturaleza. El resultado de la edificación por ser la expresión graciosa del Espíritu Santo alcanza equitativamente a todos, porque el Espíritu Santo, garantiza la continuidad de la revelación de Dios y es también justo y misericordioso. La edificación del Cuerpo de Cristo (Iglesia) es el resultado de la libre acción del Espíritu Santo, que es patrimonio de todos, y en ninguna manera exclusivo de ninguna denominación o de otro foro de carácter humano. Se evidencia en este importante versículo la universalidad de Dios quien por medio de su Espíritu llega a todas las culturas y a todos los pueblos. El Espíritu Santo es Dios soberano, su poder restaurador está accesible a todos los seres humanos. Y es un solo Espíritu (1 Corintios 12.13) el que crea la Iglesia, por lo tanto, «en la historia de la salvación, por definición teológica, existe una sola Iglesia». ¡La del Señor Jesucristo!

CAPÍTULO TRES

MINISTERIO PAULINO CON LOS GENTILES PARA DAR A CONOCER A ESTOS SU INCLUSIÓN EN EL CUERPO DE CRISTO

EFESIOS 3.6

Un prisionero de Cristo

«Por esta causa yo Pablo, prisionero de Cristo Jesús por vosotros los gentiles; ...»

Efesios 3.1

****

La vocación paulina tiene como origen una causa que lo ha llevado a padecer muchos sufrimientos y encarcelamiento: la predicación del Evangelio a los gentiles. Llamado por Dios para ejercer tan alta vocación, el Apóstol reconoce que su situación no es óbice para que él la acepte como respuesta necesaria a la misión encomendada. Para Pablo, estar preso es la secuela de haber hecho un compromiso vocacional y profético con el Cristo que se le apareció en medio de unas circunstancias poco usuales. Ante la manifestación especial del Señor, en el caminar confuso y «fanático» de su vida por su celo religioso judío, el Apóstol internaliza y acepta las consecuencias últimas de su llamado. Por la naturaleza de su encuentro con el Señor, él no tiene otra opción que serle fiel hasta las últimas consecuencias: la prisión.

¿Cuál es la naturaleza de la causa que da sentido a su vocación y lo lleva a la cárcel? Es su fidelidad al llamado de Dios, para que trascienda sus propias creencias y anuncie otro mensaje a un pueblo que estaba lejos de Dios y separado de los judíos. Esa causa tiene un fin único en la historia de la salvación y es que otros pueblos puedan conocer la revelación de Dios en Cristo. Se trata de que el orden revelacional de Dios no se petrifique dentro del espacio cultural, social y religioso de un solo pueblo (los judíos) sino que adquiera niveles universales.

Es que el Evangelio de Cristo no conoce fronteras que limiten su valor salvífico. Las Buenas Nuevas, por su contenido de amor y justicia, son las noticias más trascendentales de Dios para todo el mundo y por ende para todos los pueblos. La nobleza de esa causa centrada en el amor de Dios impele e inspira al apóstol para entregar su cuerpo a las limitaciones físicas en el enclaustramiento de una vil prisión.

Mas Pablo recalca que es un prisionero de Cristo y no de ninguna ideología o creencia de naturaleza humana sin trascendencia. Al ser prisionero del Señor Jesús, Pablo reconoce entonces que esa prisión, con los factores que limitan sus movimientos, tiene sentido. La misma prisión, con sus nefastos concomitantes, afirma el valor trascendental de su fe en el Cristo que penetra con su presencia fortalecedora aquella limitante realidad existencial. Pablo no es un prisionero cualquiera. Él no ha violentado ninguna ley cívica. No es un delincuente «común». Él reconoce que su vocación evangélica es el norte para su vida y que nada le apartará del camino por el cual lo dirigió el Señor, cuando lo vocacionó para ser el gran apóstol de los gentiles. Las cadenas entonces no quebrantan su libertad porque sabe que ésta es la expresión de la voluntad de Dios para todos los seres humanos. Quienes son fieles a su vocación evangélica disfrutan de la libertad que en Cristo es única y trasciende cualquier circunstancia y contingencias del carácter que sean.

Una gracia particular

«… si es que habéis oído de la administración de la gracia de Dios que me fue dada para con vosotros, …»

Efesios 3.2

****

El apóstol Pablo, consciente de la naturaleza de su vocación para con los no judíos, de manera asertiva les informa sobre el efecto de la gracia de Dios sobre su persona para que aquellos que estaban lejos recuerden que son receptores de su misión. La gracia de Dios es el fundamento teológico que legitima el llamado del Apóstol y lo hace apto y necesario para la misión con los gentiles. La gracia de Dios se administra en función de la vocación paulina por lo que la responsabilidad evangélica del Apóstol es enorme. La credencial misionera paulina con respecto de los no judíos responde directamente al mandato de Dios. Para que aquellos respondan con humildad en favor de tal encomienda, tienen que ser conscientes de la autoridad moral y espiritual del Apóstol.

Lo que Pablo recibió de Cristo no fue gracias a sus méritos sino como secuela del favor divino que obró en un momento crucial. La respuesta al Evangelio no podía limitarse a la comunidad judía de Jerusalén (claro, no todos sus componentes). De haber sucedido de esta manera, el cristianismo se hubiera convertido en una expresión religioso-sectaria del judaísmo. Además, la promesa salvífica de Dios yacería solo en un marco comunitario, histórico y geográfico limitado, abocado a desaparecer en el devenir de los tiempos.

Mas la gracia de Dios, por definición teológica, tiende a superar fronteras que limiten la acción salvadora de Dios. La gracia de Dios dada en función de su amor, se dirige siempre a cambiar paradigmas exclusivistas para crear las condiciones favorables para la salvación de todas las generaciones.

Por el camino de la gracia de Dios, todos los seres humanos tienen la gloriosa oportunidad de encontrarle para recibir de Él perdón de los pecados y acceso franco a su Reino de amor y justicia. El apóstol Pablo está convencido de que, por la gracia de Dios, los no judíos pueden ser objeto de las bendiciones del Evangelio. Tal convencimiento legitima y vitaliza su vocación misionera de los que antes eran eximidos de las riquezas de la voluntad salvadora de Dios. Como sabemos, Pablo administra esa gracia salvadora con la plena confianza de saber que por ella Dios lo separó para traspasar fronteras de racismos y enemistades, dando fe del amor de Dios para todos los pueblos. ¡Y todo como expresión de la gracia de Dios! El Apóstol es fiel a ese plan de Dios: obedece a los que algunos llaman «economía», es decir, su inserción dentro del propósito de Dios cuyo norte gracioso es de carácter universalista.

El ministerio que define la vocación

«… que por revelación me fue declarado el misterio, como antes lo he escrito brevemente, …»

Efesios 3.3

****

Dios, para ser conocido tiene que revelarse y al hacerlo nos muestra el camino para llegar a Él en función a la respuesta vocacional que nos reclama. La revelación de Dios al ser humano es el principio divino que gesta la fe y la inserta en el orden histórico-humano. Es en ese marco existencial que la fe se concretiza para responder al llamado de Dios y hacerlo conforme al propósito que Él tiene para nosotros. La revelación de Dios, expresión de su gracia y amor, es el misterio que permite nuestra inserción al centro de su voluntad salvífica. No hay respuesta afirmativa al llamado de Dios si Él no se revela primariamente a nosotros. Nuestra aceptación del mensaje de Dios es secuela de la naturaleza de una fe inspirada por Dios en nuestra mente y corazón. La fe como don de Dios es responsable de nuestra respuesta vocacional en el cumplimiento de su voluntad en nosotros.

El apóstol Pablo declara que Dios le reveló un misterio. Él recibió del Señor un llamamiento puntual y específico: fue comisionado para alcanzar con la propuesta salvífica del Evangelio a un pueblo que vivía enajenado de Dios. Ese pueblo constituía su espacio teológico donde él habría de encarnar su vocación misionera. Ese es el misterio revelado por el Señor Jesús y evidencia la veracidad del mensaje divino, que contiene una promesa de salvación para todos los pueblos. En razón de la misión, entonces afirmamos que el misterio de Dios nos muestra su amor universal al incluir a todas las naciones en su plan salvífico (tema central de este libro).

Para Pablo, un judío ortodoxo, fue un enorme desafío aceptar el plan salvífico de Dios en Cristo no solamente para los judíos sino también para los gentiles. Tuvo que lidiar con su fe exclusivista y sectaria, para abrirse en vocación santa a la realidad humana y social de un pueblo diferente. Fue impelido en amor por Dios, para superar la barrera de una religiosidad anquilosada en estructuras nacionales anacrónicas y para actualizar su fe en Dios conforme a un proyecto teológico nuevo: la apertura de Dios a todas las naciones, derribando muros culturales y sociales. Ese es el misterio divino que cautivó al Apóstol, le abrió los ojos al amor inclusivo de Dios, el que no hace acepción de personas. El mensaje nos ofrece el paradigma del Dios que ama igualmente a todos y así debemos hacerlo nosotros, ¡amar como Dios nos amó! Pablo recibió de Dios una revelación especial que le permitió conocer el propósito del Señor para su vida, cambiando su creencia judía ortodoxa en una visión más universal: el que anunciaron los ángeles (Lucas 2.10). En el tiempo histórico-mesiánico de Cristo, solo conocemos el plan vocacional de Dios para nosotros cuando Él lo revela a nuestra mente y corazón. Es ahí donde encontramos la razón y la fe unidas, para conocer la realidad de un Dios que se revela.

Un conocimiento revelado

«… leyendo lo cual podéis entender cuál sea mi conocimiento en el misterio de Cristo, …»

Efesios 3.4

****

El interés del apóstol Pablo es que los efesios puedan entender todo lo relacionado con su conocimiento del misterio de Cristo. Ese misterio (Efesios 1.10) contiene el gran evento salvífico de Dios, uniendo los pueblos que estaban separados (judíos y gentiles). El Apóstol está convencido de que los efesios deben creer en lo que significa esa revelación de Dios. Fundamental es para ese pueblo adjudicarle a Pablo todo margen de credibilidad, pues la fe de ellos se alimentaría de la verdad evangélica que proclamaba el Apóstol. Al aceptar que Pablo había accesado al conocimiento de lo que Dios deseaba para ambos pueblos, gracias a la entrega de su Hijo al Calvario, entonces podrían legitimar el valor teológico-misionero del gran Apóstol.

Un emisario de Dios, portando el conocimiento de un misterio tan excelente, debe ser escuchado y creído. El mensaje que suscribe el Apóstol, por naturaleza no es común. Su contenido puede representar un desafío para quien lo escucha pues, considerando que se trata de dos pueblos separados y que han sido unidos por Dios para crear uno solo, es realmente un evento donde la fe debe ejercitase con rigor indescriptible. En orden de poder aceptar tan elocuente revelación divina, Dios escoge a un hombre que puede reclamar con suma propiedad y legitimidad que pertenece a uno de los dos pueblos. Un hombre a quien Dios cambió su manera de pensar radicalmente mostrándole un camino nuevo de fe y una nueva relación con ese Dios.

Que Dios venga en Cristo para propiciar la reconciliación de dos pueblos enemistados es un evento único por su naturaleza salvífica. Hay aquí una implicación de que estos pueblos deben dirimir sus diferencias en un foro trascendental, al centro de la voluntad divina que se transparenta en el amor que reúne. Ese es el contenido evangélico del escrito paulino a los efesios. Esa realidad salvífica es lo que el Apóstol constata en su relación con Dios. Con una inefable pasión, Pablo les comunica a los efesios tan sublime conocimiento y con firme convicción les remite a lo que Dios le ha revelado. Es su interés que los efesios entiendan cuál es la naturaleza del mensaje que él porta en su mente y corazón. Es ese mensaje que se origina de Dios y se trata del misterio-Cristo, como el Salvador de ambos pueblos. Encontramos aquí un referente al que, aquellos que practicamos el cristianismo, debemos darle una mirada profunda en el contexto de un panorama denominacional tan variado. **Debemos vivir la certeza de que realmente somos una sola Iglesia.** Este es otro misterio revelado por el Espíritu Santo mediante el cual formamos un solo cuerpo (Efesios 4.5).

El misterio revelado por el Espíritu

«... misterio que en otras generaciones no se dio a conocer a los hijos de los hombres, como ahora es revelado a sus santos apóstoles y profetas por el Espíritu: ...»

Efesios 3.5

****

Pablo reconoce que Dios se revela conforme al propósito que emana de Él para los tiempos. El misterio, que es la encarnación de Dios en Cristo para la salvación del género humano, no fue revelado a otros por el Espíritu Santo respondiendo al ejercicio soberano de la voluntad de Dios. El hecho de que Dios no hubiese revelado antes el misterio de la salvación, por medio de otras personas, suscita interesantes preguntas espirituales y existenciales. A tales preguntas, los seres humanos no pueden recibir respuestas, pues éstas son reservadas a la potestad de Dios. De Él conocemos lo que es fundamental y esencial para la vida y lo que el Espíritu quiera revelar en función del propósito salvífico de Dios. Según Hechos 1.7 el Señor dice a sus discípulos: «No os toca a vosotros saber los tiempos o las sazones, que el Padre puso en su sola potestad».

Sin embargo, en el cumplimiento de los tiempos de Dios, la revelación de su máxima expresión se hizo posible y esa es Cristo. Cuando era necesario, el misterio de Dios se transparenta en praxis salvífica conforme a los criterios históricos y proféticos que emanan del conocimiento que tiene Dios sobre las necesidades de los seres humanos. En palabras sencillas, Dios se encarna en Cristo cuando era inminente hacerlo (Gálatas 4.4). En cierto sentido, Dios se «cumple» a sí mismo al revelar en su Hijo la plena naturaleza de su Ser. Dios es Dios porque se da a conocer y se presenta en la historia para que el ser humano pudiera ver su gloria (Juan 1.14). Ver la gloria de Dios en Cristo es accesar a la revelación del misterio más importante para la humanidad (Juan 3.16).

¡Esa revelación de Dios a sus apóstoles y profetas, por ende, a toda la humanidad, es única e irrepetible! Lo es de así, porque refleja el carácter soberano y justo de Dios al encarnarse en la Persona de su Hijo. ¡No es posible otra encarnación de tal naturaleza! El misterio de Dios, que es Cristo, no se repetirá jamás (Marcos 13.21). En Persona, visible, Dios se les reveló a los apóstoles por medio de Cristo. Solo una vez tiene vigencia esta empírica revelación. Ahora Cristo está presente por medio de su Santo Espíritu, real y verdadero, para que los efectos divinos del misterio se cumplan en nosotros. La revelación de Dios a los apóstoles y profetas de aquel tiempo es un evento cuya trascendencia histórica descarta cualquier interpretación mítica. Ahora compete al Espíritu, como Dios en función trinitaria, ser portador de los actos salvíficos y así darle continuidad a la presencia de Cristo entre nosotros. Por medio de la presencia del Espíritu de Dios, celebramos el cumplimiento de la esperanza cuyo contenido divino fortalece e inspira nuestra fe para disfrutar de la gloria de Dios reflejada en el Rostro de Cristo (2Corintios 4.6).

Miembros del mismo cuerpo

«… que los gentiles son coherederos y miembros del mismo cuerpo, y copartícipes de la promesa en Cristo Jesús por medio del evangelio,

Efesios 3.6

****

Dios inspira al apóstol Pablo para que mire más allá de su procedencia judía al momento de definir el carácter de la acción salvífica, que es el resultado de la voluntad divina. Esta visión universal de la fe cancela todo espíritu sectario y promueve la inclusión de todos los pueblos en el proyecto redentor de Dios. Hombres y mujeres fueron creados por Dios, fruto de su amor inefable e inclusivo. Todos ellos son ubicados bajo la bendición divina de una nueva creación en Cristo Jesús. ¡Dios nos crea y en Cristo nos salva! La herencia salvífica se entronca en el amor de un Dios que supera el racismo, la diferenciación cultural y cualquier condición social de conducta proclive a la desigualdad. La gracia de Dios, mediante la cual somos salvos, nos reúne a todos bajo el impacto universal de su amor inconmensurable.

Judíos y gentiles son incluidos como expresión de la gracia de Dios en el mismo cuerpo y sabemos que la Iglesia es el Cuerpo de Cristo. Esta profunda realidad eclesiológica transparenta la acción del Espíritu Santo que, en el orden trinitario, crea la unidad de todos los componentes de ese Cuerpo. Por lo tanto, la identidad de los creyentes disfruta de un marco referencial único y fruto de la voluntad divina; el cual es ajeno a las diferenciaciones de carácter humano. Somos uno en el Espíritu que nos ubica en el Cuerpo de Cristo. El Cuerpo de Cristo, que es la Iglesia, nos iguala a todos en espiritualidad y en valía existencial. Disfrutamos del lugar teológico donde Dios nos ubicó. Allí somos hermanos y hermanas, marcados por esa fraternidad que por su naturaleza divina es indisoluble. Por ser miembros del mismo Cuerpo, somos constituidos hijos e hijas de Dios, así seamos judíos o gentiles.

Ser incluidos todos en el plan salvífico de Dios, en función de su voluntad amorosa, nos coloca en el ámbito glorioso del cumplimiento de la promesa. Y por medio del Evangelio se completa la obra salvadora que Dios determinó como expresión de su naturaleza eterna. En Cristo, la promesa salvadora de Dios se concretiza y Él se convierte en el Centro de todo lo que es necesario para la vida. Todo lo bueno, todo lo que en esencia es justo y verdadero se profundiza en el carácter redentor de Cristo. La promesa de Dios cumplida en Cristo, es el referente para la paz interhumana y es el Paradigma para la justicia social y la fraternidad universal. Ese es el fin de la promesa evangélica en Cristo Jesús. La noticia evangélica de salvación por medio de Cristo es la revelación del misterio que es el contenido de la esperanza cumplida. Ésta es a su vez, el diseño divino de la fe que proclamamos. La fe en Cristo, como único medio de salvación, hace posible que la esperanza se actualice como bendición verificable de la acción de Dios en la historia y todo lo anterior se experimenta integralmente en la Iglesia. Ésta abre sus puertas incondicionalmente a todos los seres humanos. Por tal razón es inconcebible que haya una atomización en la feligresía eclesiástica y resulta antievangélico, por mencionar un solo ejemplo, pensar en una Iglesia para negros y otra para blancos. El misterio que Dios revela en Cristo es la inclusión de todos los pueblos en Su plan salvífico, no importa su origen cultural, social o étnico.

Poder de Dios y ministerio

> «… del cual yo fui hecho ministro por el don de la gracia de Dios que me ha sido dado según la operación de su poder».
>
> Efesios 3.7

****

El apóstol Pablo reclama para sí la autenticidad de un ministerio que le ha sido conferido por la gracia de Dios. Según el Apóstol, su ministerio con los gentiles tiene la impronta legitimadora de Dios. Teológicamente hablando Pablo está en lo correcto, pues quien vocaciona para el ministerio es Dios. Él otorga a la gracia de Dios su legitimidad vocacional. Al afirmar que es la gracia de Dios de dónde Él deriva su ministerio pone en evidencia su humildad misionera y pastoral. Humildad que coloca al relieve el reconocimiento de la naturaleza de la gracia divina del que vocaciona, pues le hace mirar introspectivamente para verse falto de méritos humanos para así optar por tan importante llamado. Claro, si el llamado es por la gracia de Dios, evidentemente queda fuera toda afirmación meritoria del que es objeto de la mencionada acción divina.

El llamado a ser ministro de un pueblo no judío, cuya formación religiosa y filosófica está harto arraigada en su historia y cultura, plantea un desafío para el Apóstol. Para tal ministerio se requiere un elemento trascendental. Se precisa de un poder radicado más allá de cualquier factor humano. Para tal misión no puede primar ningún subjetivismo humano. Tampoco puede mediar ninguna conducta centrada en lo emocional producto de un interés personal y caprichoso. Esa vocación ministerial, que conlleva peligros y reta la estabilidad física y personal, debe tener su origen en el poder de Dios. Todo lo que el Apóstol identifica como el origen y contenido de su vocación ministerial viene de Dios. La naturaleza divina de su llamado es su «carta de presentación» ante los efesios y ante el pueblo gentil.

Cuando el poder de Dios opera para vocacionar a una persona, la respuesta tiene que ser afirmativa. Ciertamente que es un poder que no coacciona, por el contrario, busca convencer con la ternura del Espíritu Santo. Al definir el carácter funcional del llamado, uno de justicia, compasión y solidaridad con los demás, se sensibiliza el entendimiento y se hace notoria una respuesta de fe de aceptación humilde a la convocatoria de Dios. El Apóstol asumió su vocación pastoral con los gentiles siendo sensible al llamado del Espíritu Santo. El poder de Dios, expresión amorosa de su gracia, lo cautivó para cumplir con la vocación evangélica de ser emisario pastoral de Dios para otro pueblo que inicialmente no era el suyo. La más alta vocación del ser humano consiste en vivir y actuar en beneficio de los demás. Ese es el Paradigma de amor que definió el carácter del Señor Jesús. El poder al que se refiere el Apóstol se traduce en acción evangélica con el solo propósito de alcanzar otro pueblo para Dios. Es poder que engendra salvación, el que posibilita un diálogo centrado en el amor de Dios, y ese amor es el norte del más sublime método para transformar las personas. Es poder que opera para servir, dar vida y libertad, nunca opresión y esclavitud.

Humildad y vocación cristiana

«A mí, que soy menos que el más pequeño de todos los santos, me fue dada esta gracia de anunciar entre los gentiles el evangelio de las inescrutables riquezas en Cristo …»

Efesios 3.8

****

El apóstol Pablo asume desde su notoria humildad el llamado que Dios le hizo para anunciar las Buenas Nuevas del Evangelio al pueblo gentil. Conviene acotar aquí lo que el Apóstol les comunicó a los romanos: «Digo pues, por la gracia que me es dada, a cada cual que está entre vosotros que no tenga más alto concepto de sí, que el que debe tener …» (Romanos 12.3). Pablo sigue el modelo del Señor que lo llamó, el cual definió el carácter de su misión desde su comprobada humildad (Mateo 11.29).

Con su humildad, el misionero de los gentiles reconoce que no es igual a su Maestro, sino que solo es un ser humano lleno de limitaciones existenciales. También destaca que él es la expresión del amor de Dios, quien lo vocacionó para el apostolado cuando su conducta religiosa era regulada por una creencia que discriminaba contra otro pueblo emergente que había tenido un encuentro salvífico con el Dios verdadero por medio de Cristo. Su encuentro con el Resucitado alumbró su conciencia y le hizo llevó al conocimiento de la nueva revelación de Dios en Cristo. Esa eclosión de gloria de Dios sobre su vida, en otrora consagrada a un judaísmo exclusivista en religiosidad, transformó su ser para hacerlo humilde y apto para anunciar otro mensaje, esta vez centrado en la gracia y el amor de Dios que alcanza a todos por igual.

¿Y qué el Apóstol desde su humildad debe anunciar a un pueblo que estaba lejos de Dios? Anuncia un Evangelio nuevo, orientado hacia la salvación universal y una nueva manera de relacionarse con Dios. Se trata de un mensaje rico en justicia, compasión y misericordia. Huelga en el mismo todo legalismo que cancela el amor incondicional de Dios. Deberá anunciar que Dios es Dios de todos y no de un pueblo que reclama el patrimonio exclusivo sobre la relación con Dios. Deberá anunciar que la riqueza de Cristo confiere a otros pueblos la oportunidad de ser objeto del acercamiento de Dios a sus necesidades de esperanza y salvación. Riquezas que se encarnan en la historia de todos los seres humanos para ofrecerles las mismas oportunidades de acceso al corazón de Dios.

Las fronteras de los pueblos se abren a la realidad de un Dios universal que quebranta el factor enajenante que divide los pueblos, para hacer de ellos una sola humanidad; una comunidad teológica donde prima el amor de Dios que reúne (Paul Tillich). Pablo asume la humildad de ser el más pequeño entre los discípulos, a pesar de lo trascendental de la misión que le ha sido encomendada con un Evangelio que trasciende fronteras para que todos los pueblos tengan la oportunidad de conocer a Cristo. La apertura de Dios en Cristo a los gentiles erradica todo sectarismo religioso y descubre el corazón amoroso del Dios que vocaciona al Apóstol para trascender su ideario judaizante. Es el Dios de todas las naciones, cuya apertura de solidaridad salvífica y misericordiosa es horizontal, sin exclusivismos raciales ni geográficos. Como afirma el Apóstol en otro de sus escritos: «Porque de él y por él y para él son todas las cosas» (Romanos 11.36).

Un ministerio esclarecido

«… y de aclarar a todos cuál sea la dispensación del misterio escondido desde los siglos en Dios, que creó todas las cosas; …»

Efesios 3.9

****

El Apóstol ha sido llamado por Dios con la encomienda trascendental de dar fe de la develación de un acto divino, mediante el cual les otorga a los gentiles la oportunidad de conocer lo que estaba escondido por siglos. Esa dispensación revela la eterna intención de Dios que comprendía dar a conocer un día su voluntad salvadora en el orden universal. Si estaba escondido, nadie lo conocía, pues ese misterio llevaba la impronta de la soberanía y el poder de Dios. El contenido del misterio tiene su origen prístino en Dios y responde a su carácter y naturaleza. Aquel no es el producto de ninguna confesión humana, ya sea religiosa, cultural o de cualquier otra dimensión social. El misterio de Dios para salvar no es el producto de una determinación legal destinada a conformar la conducta de un pueblo. Es un ministerio inédito, pues, radica en el solo conocimiento de Dios. Por lo tanto, está libre de cualquier intromisión humana.

El misterio al cual alude el apóstol Pablo tiene su origen en el Dios que creó todas las cosas. Lo revelado tiene su referente en Aquel que por su poder puede crear, es decir, darle vida a lo que antes no existía. En otras palabras, el misterio de la salvación realizado en Cristo es también la expresión de la voluntad creadora de Dios. Cristo, Hijo eterno de Dios (no creado) es al mismo tiempo el Misterio de Dios que salva y el Creador de todas las cosas. En Cristo convergen la mediación salvífica de Dios y la acción creadora de todo lo que vive. Solo el que tiene el poder para crear las cosas ostenta también el poder para salvar seres que Él ha creado. Cristo, el que salva, retiene el poder que le permite su injerencia soberana sobre todas las cosas (Efesios 1.10 y Mateo 28.18).

La vocación carismática y educativa del apóstol Pablo consiste en aclarar para beneficio de los gentiles el profundo contenido del Misterio de Dios en Cristo. Esa es la meta sustantiva de su ministerio: dar a conocer el contenido de la fe que proclama. Eso es esencial para que los evangelizados entiendan que lo que Él predica no es el producto de un ideario suyo, ni de un capricho personal. Él predica el mensaje cuyo contenido evangélico radica en la naturaleza misma del Dios que crea y salva. El Evangelio es una verdad divina, pues viene de Dios; por lo tanto, no responde a elucubraciones de origen humano (Colosenses 2.8). El contenido del Evangelio no es un patrimonio denominacional ni se agota en las confesiones eclesiásticas. Como es de dominio divino, por su origen, el Evangelio responde a lo que Dios quiere entregar como don salvífico para todos los pueblos: ¡Cristo!

La sabiduría de Dios y la Iglesia

«... para que la multiforme sabiduría de Dios sea ahora dada a conocer por medio de la iglesia a todos los principados y potestades en los lugares celestiales, ...»

Efesios 3.10

****

Cuando hablamos de la sabiduría de Dios nos referimos necesariamente al ejercicio de su voluntad, la que opera en función de la salvación de los seres humanos. Conocer el contenido de esa sabiduría es apropiarse por la fe del propósito salvador de Dios, eternamente pensado por Él, para un pueblo que no lo conocía y al cual fue enviado el apóstol Pablo, vocacionado por Cristo. El contenido de la sabiduría de Dios se inscribe en su compasivo y justo modo de ser. La acción de Dios es preponderantemente transformadora, se concretiza en los seres humanos para propiciar un encuentro con lo que marca la diferencia entre el pensamiento finito de extracción humana y la naturaleza amorosa de Dios. Definiendo el carácter de la sabiduría de Dios, plasmada en sus pensamientos, afirmó el profeta Isaías: «Porque mis pensamientos no son vuestros pensamientos, ni vuestros caminos mis caminos» (Isaías 55.8).

Nos dice el Apóstol que la sabiduría de Dios fue dispensada a la Iglesia para que ésta la comunique a la totalidad de los componentes del mundo. No queda exenta de recibir el impacto de esa sabiduría ninguna entidad, sea ésta social, cultural y política. El misterio que encarna el mensaje salvífico de Cristo con su pertinencia en los ámbitos antes mencionados es el contenido de la vocación eclesiástica. La Iglesia, se convierte en voz de Dios para el anuncio de las Buenas Nueva cuyo contenido es el Misterio de Dios revelado en Cristo. Ante la trascendencia de tal misión, la Iglesia no puede replegarse al anonimato social marginándose de su responsabilidad evangélica.

Al centro del contenido del Ministerio de Dios, revelado para la salvación en Cristo, emerge de manera notoria la preminencia descollante de la Iglesia. Ella posee ahora una fuerza profética que le ubica en una categoría «superior» a los ángeles. Ahora la Iglesia es portadora directa del mensaje de Dios, en Cristo, para toda la humanidad. La función vocacional de la Iglesia es «angelical», pues ella es la mensajera del Misterio-Cristo en todos los lugares del mundo. Glorioso es el contenido de la sabiduría de Dios que transfiere a la Iglesia una vocación de tanta trascendencia. Tal conocimiento debe propiciar una autoestima humildemente creativa en la mente y el corazón de los que formamos el Cuerpo de Cristo, que es la Iglesia.

La sola mediación en Cristo

«… conforme al propósito eterno que hizo en Cristo Jesús nuestro Señor, en quien tenemos seguridad y acceso con confianza por medio de la fe en él; …»

Efesios 3.11-12

****

Cristo es, para todo propósito divino originado desde la eternidad, el único medio de salvación. Este propósito eterno que el Padre en Cristo Jesús nos entregó, para su culminación en un lugar histórico, propició el encuentro del ser humano con lo eterno. En Cristo Dios vino en Persona y en una manifestación única, la cual fue predestinada desde antes de la fundación del mundo. Con tal revelación, (agotada en el Evento-Cristo) se cumple la promesa salvadora de Dios. En ese Evento revelacional de Dios es que nos apropiamos de la bendición de poder llamarle Señor a Cristo. El Ungido de Dios nos alcanza en amor para hacernos objeto de un señorío que nos ofrece seguridad. El Señor Jesús nos gobierna con justicia y misericordia para afirmarnos como hijos suyos. Como afirmó el Apóstol: «En Él somos y en Él nos movemos» (Hechos)

La encarnación de Dios en Cristo hizo posible nuestro acceso a Él. Y ahora, por medio de la fe disfrutamos de la seguridad de salvación. Esa salvación ya no consiste en esperar que las fuerzas y la voluntad humana pudiesen ser orientadas hacia el cumplimiento de alguna ley externa. El apóstol Pablo está convencido de que el eón legal, había sido superado en Cristo y que solo la gracia de Dios podía solventar los efectos mortuorios del pecado de los seres humanos (Romanos 3.24). El acercamiento en fe a Cristo produce el auxilio de la reconciliación con Dios. Por medio del don de esa fe, Cristo se instaura entre el Padre y la humanidad para responder por ella y propiciar la apertura del amor de Dios para todos. Él aboga por nosotros en defensa de los que no tenemos argumentos exculpatorios. Al presentarse ante el Padre, con testimonio de pulcritud espiritual y humana, hizo posible que accesáramos al amor perdonador de Dios.

La fe en Cristo Jesús engendra una actitud de completa confianza. Queda fuera entonces cualquier sentimiento de miedo ante la grandeza de Dios. Confiar en Dios significa que nos podemos acercar a Él, convencidos de que nos recibirá con regocijo (Lucas 15.22-23). Confiamos en Dios cuando reconocemos su talante de amor y misericordia. Entonces, le respondemos en obediencia porque también nosotros le amamos. La naturaleza de esa relación de confianza en Dios y nuestra respuesta de amor, es posible porque Cristo un día nos entregó a ese Padre. Lo hizo cercano a nosotros, cuando parecía que estábamos lejos (Efesios 2.13,17). Ahora prima entre Dios y nosotros la confianza que se transparenta en sosiego, paz y esperanza.

Tribulación solidaria

«... por lo cual pido que no desmayéis a causa de mis tribulaciones por vosotros, las cuales son vuestra gloria».

Efesios 3.13

****

Cuando el apóstol Pablo aquilata el valor y el significado del Misterio de Dios revelado en Cristo, crea conciencia de su alpina responsabilidad evangélica. Sabe que Cristo, Misterio de Dios, fue solidario no solo con los judíos sino también con los gentiles (Efesios 2.16-17). Esta solidaridad cobró puntual plasticidad en su muerte vicaria en el calvario. Allí Dios se hizo pertinente en Cristo para ser derecho y justicia en beneficio de los demás. El calvario sustituyó a la retórica legalista que hacía imposible el encuentro de los seres humanos con Dios. En vez de preceptos que descubrían la debilidad humana, Dios vino en Persona por medio de su Hijo para ofrecer el don de la gracia. Es esa la gracia que, en amor, justifica a los pecadores para que puedan acceder a su Reino de misericordia. El apóstol Pablo pudo ver la gloria de Dios en el Rostro de Cristo, fuente solidaria de amor (2 Corintios 4.6).

De ese gesto solidario-salvífico de Dios en Cristo se alimentó el apóstol Pablo para asumir su rol pastoral y profético en beneficio de los gentiles. Por tal motivo afirmó un día: «Yo llevo en mi cuerpo las marcas del Señor Jesús» (Gálatas 6.17). Él definió su ministerio como uno que emulaba empíricamente el Paradigma sacrificial de Cristo. Lo había dejado todo para seguir al Señor Jesús y lo que Él vivía, lo vivía en Cristo. Creó conciencia de que seguir a Cristo significaba la afirmación de una fe cuya meta era ser instrumento de bendición para los demás. Esa fe solidaria repercutiría en personales sufrimientos: flagelos, cárcel, desprecio, injurias y eventualmente la muerte.

Esas tribulaciones del apóstol Pablo son la gloria de los efesios, como los sufrimientos de Cristo son la gloria de todos los seres humanos. Porque en la cruz del Calvario Dios transparenta su gloria manifestada en el sacrificio vicario de Cristo. La cruz no es un patíbulo donde se inmola un rebelde sin causa. Allí muere el Hijo de Dios por la causa más justa que pueda definir la acción de Dios: el perdón de los pecados de la humanidad en todos los tiempos. En esa cruz, la gloria de Dios con sede en su majestad, honor, poder y soberanía se trocó en solidaridad en beneficio de gentiles y judíos. En aquel cruel patíbulo, Dios cumplió su promesa de amor redentor insertando su gloria en la Persona de su amado Hijo. La gloria no solo descubre lo celeste, lo infinito que descansa en la eternidad de Dios, sino que se inserta en la historia para que los seres humanos pudieran conocer al verdadero Dios.

Esta verdad profundiza realmente en la máxima expresión conductual de Dios: su amor solidario. Ciertamente que la fe que proclamamos debe inspirarnos para ofrecer a todos los pueblos nuestra disponibilidad diaconal, servicio que se centra en el seguimiento del Paradigma de Cristo. La fe trasciende la inercia de un espiritualismo interiorista y nos lanza a la misión, a la predicación de las Buenas Nuevas del Señor Jesús con su contenido de justicia, compasión y misericordia. En la naturaleza de tan noble misión consiste la gloria de los que reciben el don de un Evangelio cuyos efectos salvíficos se centran en una espiritualidad solidaria; la que se transparenta en sacrificio y amor por los demás.

Oración con sentido

«Por esta causa doblo mis rodillas ante el Padre de nuestro Señor Jesucristo, …»

Efesios 3.14

****

El apóstol Pablo reconoce el alcance de su vocación y es consciente de los límites que configuran la naturaleza de su apostolado. Se sabe enviado a una misión que le plantea desafíos retadores. Sabe que, por causa de su vocación cristiana, sufrirá pruebas que retarán su propia existencia, pues, su integridad física ha sido amenazada constantemente. Predicar el Evangelio proféticamente requiere el pleno conocimiento del llamado de Dios. Por su naturaleza profética el Evangelio ejerce una función que supera un mero «salvacionismo» proselitista y se convierte en un referente puntual para el reclamo divino de justicia y el bien común de todos los seres humanos. El Evangelio es la conciencia ética y moral para la conducta individual y social. Los profetas que Dios vocaciona enfrentan el enorme desafío de denunciar la injusticia no importa su origen. El apóstol Pablo decidió un día responder al llamado de Dios y al hacerlo se enfrentó a los desafíos que le planteaba encarnar la dignidad del Evangelio en todas las circunstancias sociales y religiosas que imperaban en su tiempo.

¡Por eso dobla rodilla delante del Señor! Lo hace porque reconoce la trascendencia de su misión. Su oración lleva la marca de un norte de preclara vocación: dar a conocer el

Misterio del Dios que en Cristo ofrece una nueva relación con Él y también entre todos los seres humanos. Es una oración solidaria que trasciende sus propias necesidades para ubicarse en la urgencia que tienen los demás de conocer el mensaje evangélico. Esta oración por los otros fue también la motivación de Cristo al definir su íntima relación con el Padre (Juan 17). Allí el Hijo de Dios alimentó su vocación profética y pastoral del encuentro oracional con su Padre.

La oración del apóstol Pablo se entronca en el propósito de la vocación a la que fue llamado y es una oración con sentido misionero. Busca en Dios la fortaleza, el poder y la inspiración para realizar (en circunstancias poco favorables) lo que le reclama el contenido del Evangelio. Al doblar rodillas, lo hace ante el Señor que gestó su llamado y al así hacerlo comunica a los efesios la naturaleza de su relación con Cristo. Existe una correlación positiva entre el ejercicio de la vocación paulina y su íntima comunión con el Señor. Es una piedad jamás nominal, retórica, ritual o tradicional. Pablo ora en el contexto de una relación personal con Cristo. Su oración entonces se nutre de esa intimidad espiritual y por eso es solidaria con los destinatarios de su carta. La oración no es solamente un recogimiento espiritual que nos exime del compromiso con la gran causa evangélica de dar fe en la historia de la misión de Dios en Cristo. Su propósito es propiciar el cumplimiento de una esperanza que trae justicia, sentido y paz a todos los seres humanos.

La plenitud de Cristo

«… de quien toma nombre toda familia en los cielos y en la tierra …»

Efesios 3.15

****

Cristo es el Pléroma de Dios. Esto significa que, en su Hijo, Él se «vació» otorgándole todo el poder en el cielo y en la tierra. Todo lo creado está bajo su dominio y Él hegemónicamente ordena todas las cosas conforme al poder que recibió en la eternidad con el Padre. En Colosenses 2.9-10 nos dice el apóstol Pablo: «Porque en él habita corporalmente toda la plenitud de la Deidad y vosotros estáis completos en Él, que es la cabeza de todo principado y potestad». Dios echó sobre su Hijo la totalidad de su ser Divino y eterno clarificando por su revelación que Cristo es de la misma sustancia suya, no creado, sino Dios antes y después de su encarnación.

El apóstol Pablo, al anunciar a Cristo es altamente cuidadoso teológicamente y le describe como el Ser más grandioso no solo por su humanización sino también por su trascendencia divina. Dentro de los límites histórico-existenciales Cristo es el Paradigma de la santidad, siendo moralmente perfecto y sin alguna mácula. Él es tipológicamente un cordero sin ninguna marca fisiológica que le acarreara el desprecio sacerdotal. Su humanidad se alimenta del ejemplo de rectitud y obediencia que reclama el Padre. Por eso, Cristo es el Hombre de Dios sin ningún parangón en la historia. Él es el Modelo perfecto para la familia que se identifica con su gesta salvífica, lo hizo viviendo el significado de su Nombre, Cristo, el Ungido de Dios. «Porque no hay otro nombre bajo el cielo, dado a los hombres en que podamos ser salvos» (Hechos 4.12).

El Nombre de Cristo es celebrado en el cielo, donde recibe la adoración que por su señorío universal merece: «Santo, santo, santo es el Señor Dios Todopoderoso, el que era, el que es, el que ha de venir» (Apocalipsis 4.8). Todos los seres celestiales celebran también la gloria del Nombre de Cristo, en alabanza perpetua. Ellos están subordinados al Cristo glorificado que ejerce pleno poder desde la diestra del Dios Padre. Sean los ángeles en el cielo o los seres humanos en la tierra, todos reconocen la gloria y el poder que define la grandeza del Nombre-Cristo y al hacerlo le rinden honor y pleitesía. Sea en el cielo o en la tierra, todo tiene sentido en el Cristo que lo llena todo. Por medio de esta profunda declaración teológica, el apóstol Pablo reconoce la trascendencia universal y celestial de Cristo, Creador de todas las cosas y el único Salvador de la humanidad. La grandeza de todo lo que existe tiene una causal prístina: Cristo, Nombre que colma de sentido toda familia en el cielo y en la tierra.

Fortalecidos por el Espíritu Santo

«… para que os dé, conforme a las riquezas de su Gloria, el ser fortalecidos con poder en el hombre interior por su Espíritu …»

Efesios 3.16

****

La gloria de Dios puede parecer algo solo concebida como una realidad etérea, fuera del contacto con la historia y los seres humanos. Moisés le pidió a Dios que le mostrara su gloria (Éxodo 33.18), es decir, que le dejara ver su rostro. Dios solo le mostró sus «espaldas», como señal de que estaba con él. El apóstol Pablo describe la gloria de Dios como una revelación de su Ser en función de los beneficios que Él había propiciado para los efesios y para los gentiles. Pablo profundiza en el Misterio de Dios revelado en el Evento-Cristo para la salvación de todos. La gloria de Dios manifestada comprende el contenido pleno del ministerio mesiánico de Cristo: su Palabra, sus milagros, su solidaridad con los marginados, en fin, todo su quehacer pastoral en beneficio de la humanidad.

Como expresión de su gloria en el contexto antes mencionado, Dios por medio de su Espíritu, es el dador de la fortaleza de aquel pueblo (y naturalmente de todos). El Espíritu Santo fortalece con poder al ubicarse dentro de la persona que ha conocido al Señor Jesús. Entonces el Espíritu Santo es la expresión de la gloria de Dios. Dista mucho de ser algo etéreo, por el contrario, como Persona actúa con efectos reales que se experimentan por medio de la vitalidad espiritual que enriquece la vida interior de los creyentes. Porque el Espíritu Santo es Dios mismo, completando su obra salvífica en los que le han conocido por medio de Cristo. El Espíritu Santo media para que el creyente disfrute sanamente del gozo de la salvación, riqueza máxima de la expresión de la gloria de Dios.

Por medio de su Santo Espíritu, Cristo abre el entendimiento de los creyentes para que sean capaces de captar el significado de la irrupción de la gloria de Dios sobre ellos. La entrada del Espíritu Santo a las profundidades de la mente y el corazón de los creyentes define la continuidad del proyecto salvífico de Dios que comenzó en Cristo. La revelación prístina de Dios, que es su Hijo, adquiere dimensiones gloriosas al continuar como acompañamiento real y experimentado en la vida interior del creyente. Las riquezas de la gloria de Dios en el aquí y en el ahora no terminan. El Espíritu Santo cada día da testimonio del devenir salvífico de Dios fortaleciendo la fe de los que han creído en Él. La fortaleza del que cree en Dios viene de Él por medio de su Espíritu.

Cristo vive en nosotros

«… para que habite Cristo por la fe en vuestros corazones, a fin de que, arraigados y cimentados en amor, …)

Efesios 3.17

****

Como resultado del encuentro definitivo que tuvo el apóstol Pablo con el Resucitado, un nuevo norte de fe marcó su vida en una elocuente identificación con Cristo (Gálatas 2.20). Cristo se convirtió en el centro de la nueva dimensión de su fe, superando su antigua creencia. Tanto espiritual y existencialmente, floreció en el Apóstol una nueva persona: «Porque yo por la ley soy muerto para la ley, a fin de vivir para Dios» (Gálatas 2.19). Su fe en Cristo marcó su vida a tal modo que renunció a todo lo que antes definía el carácter de su religiosidad y se convirtió en un nuevo ser humano. Cristo en él, se convirtió en el objetivo principal de su vida. ¡Su fe en Cristo se insertó en su corazón! Entonces, ya no vivía para sí sino para Cristo, su Señor y Dios.

Partiendo de su profunda experiencia salvífica con el Resucitado, el Apóstol orienta a los efesios para que se adhieran a un grado alpino de espiritualidad, permitiendo que Cristo habite por la fe en sus corazones. En su tiempo el corazón era el centro de la vida, fuente originaria de los pensamientos y sentires. Por eso era necesario que Cristo entrara en sus corazones para transformarlos conforme a la dignidad y excelencia de su gloria. Que habite Cristo en nuestros corazones, hoy también significa que la totalidad del ser-persona está marcada por una experiencia de fe centrada en el Otro, que es Cristo, Dios presente, real y verdadero. El carácter mesiánico, profético y pastoral de Cristo se encarna en nosotros como el modelo para nuestra conducta cristiana. Seguir a Cristo desde la fe en Él, significa emular su praxis evangélica, es decir su vida centrada en función de la bendición de los demás.

El modelo para la vida cristiana tiene como norte de acción el amor de Cristo. Ese amor se cimienta sobre la naturaleza de una conducta que afirma una espiritualidad cuyo fruto es vivir la fraternidad. Porque sin importar nuestra condición racial o nacional, en Cristo todos somos hermanos. Conocer el carácter amoroso de Dios significa que podemos invertir en los otros en amor, compasión y solidaridad. La fe en Cristo alcanza notoriedad y se verifica en nuestras vidas, solo si podemos evidenciar en nuestra conducta los signos de justicia del Maestro. La comprensión íntima del amor de Cristo, como efecto necesario de nuestra fe en Él, es la motivación para nuestro vivir. Para la vida cristiana, la inspiración no son los dogmas sino la conciencia que tenemos de la calidad del amor con que Dios nos amó en Cristo. Nuestra vocación cristiana se nutre de ese amor para vivir la vida fraternalmente. El principio relacional y conductual de la vida es el amor que catapulta la voluntad de Dios en beneficio de los seres humanos. El amor es el principio creador y rector de la vida y es el medio de comunicación insuperable que hace posible que Dios tenga misericordia de nosotros salvándonos (Juan 3.16).

El inefable Cristo

«… seáis plenamente capaces de comprender con todos los santos cuál sea la anchura, la longitud, la profundidad y la altura …»

Efesios 3.18

****

El apóstol Pablo, dada la importancia que tiene el pleno conocimiento de la Persona de Cristo, ofrece a los efesios un referente inefable de la grandeza de Aquél. Es imposible describir en conceptos humanos la naturaleza profética y pastoral de ese Ser divino-humano. Cristo es el Hijo de Dios y como tal lleva en su ser la divinidad y la eternidad que le cualifican como Dios todopoderoso. Es, además, Hombre único en perfección moral y espiritual. Por lo tanto, es la imagen trascendental de Dios. Siendo Cristo de ese talante divino-humano y en función de su gestión mesiánica centrada en el más grande amor por la humanidad, había que señalar que Él es mayor en gloria y honor que los ángeles y que todos los seres humanos. Tanto así, que «Dios lo exaltó hasta lo sumo, y le dio un Nombre que es sobre todo nombre» (Filipenses 2.9).

La grandeza de Cristo como un ser divino y humano no tiene parangón ni en el cielo, ni en la tierra. Ese misterio revelado en la historia se nos entrega, no como una mera retórica o trivial conocimiento, sino como la única manera de comprender el efecto de la gracia de Dios transparentada en su perfecto amor por los seres humanos. Cristo es grande porque vicariamente entregó a muerte su Ser, por aquellos que no merecíamos tal gesto de misericordia. En eso estriba la justicia inefable de Dios en Cristo: el Justo que muere en cruenta cruz para justificar a los injustos. Ese misterio, el Santo que entrega su vida por la humanidad, es único en la historia de las religiones. ¡Mayor gesto de gracia y amor jamás puede pensarse!

El Apóstol, consciente de que los efesios cultivan otros modelos de humana religiosidad, con creencias centradas en otros dioses (Hechos 19.24), define el perfil de Cristo como un Ser que trasciende toda imaginería humana. Cristo, por su poder, puede entrar a lo más intrínseco del ser humano para conocer sus más recónditas necesidades. Él puede, en función de su preexistente divinidad, conocer las intenciones del corazón y en obediencia al Padre se dispuso siempre a hacer su voluntad para concretizar por medio de ella la promesa de salvación. Todo su poder y capacidad de amar lo instrumentó en beneficio del pueblo: «poder solo para servir y no para servirse» (Marcos 10.45)). En el panteón de los dioses (dioses falsos) del pueblo de Éfeso, no existía ninguno que pudiera compararse con la grandiosidad de Cristo, Hijo de Dios. Es ese Dios, el poderoso autor y consumador de la salvación de los seres humanos, en Cristo, su Imagen perfecta, perfecto Hombre y Don inefable para toda la humanidad. Toda su inexplicable grandeza no fue óbice para asumir su rol mesiánico, como Hombre humilde y sencillo, talante que le hace merecedor de gloria y honor en el cielo y en la tierra.

El más excelente conocimiento

«… y de conocer el amor de Cristo, que excede a todo conocimiento, para que seáis llenos de toda la plenitud de Dios».

Efesios 3.19

****

Conocer el amor de Cristo, según el ideario teológico comunicado por el apóstol Pablo a los efesios, no es de incumbencia científica o filosófica. Ese conocimiento trasciende la sapiencia humana, pues compete solo a la revelación de Dios. Es Él quien da a conocer por medio de Cristo el carácter su naturaleza misericordiosa. Ese carácter amoroso de Dios de relevancia única para la salvación de los seres humanos adquiere plasticidad profética y pastoral en la Persona de Cristo. Dios se comunica de forma absoluta en amor, por medio del Señor Jesús. Modelos antiguos de relación con Dios, fueron superados por la encarnación de Dios en su único Hijo. Conocer la trascendencia de esa revelación es patrimonio del Espíritu Santo (Juan 16.5-15), quien es enviado por Cristo para dar testimonio del amor de Dios por medio de Él. La razón humana se puede extraviar al intentar acceder a ese conocimiento, ya que éste solo puede ser adquirido por medio de la fe. Un día Cristo mostró su alegría diciendo: «Yo te alabo Padre, Señor del Cielo y de la tierra, porque escondiste estas cosas de los sabios y entendidos, y las has revelado a los niños» (Lucas 10.21).

El conocimiento por la fe de la preeminencia del amor de Cristo confiere al creyente la oportunidad de encontrarse con

Dios en su expresión plena e íntima. Pablo es consciente del esfuerzo religioso que hacían los efesios por unirse a lo trascendente por medio de sus dioses. Reconoció lo fallido de este intento, ya que aquellos carecían de trascendencia y poder. Bien conocía el texto bíblico: «los ídolos de ellos son plata y oro, obra de manos de los hombres. Tienen boca, mas no hablan, tienen ojos mas no ven; orejas tienen mas no oyen, narices tienen mas no huelen ...» (Salmo 115.4-6). El Dios que predica Pablo puede conocerse gracias a su amor revelado en la Persona de Cristo, quien único puede revelarlo tal como es. Así lo afirmó frente a sus discípulos: «El que me ha visto a mí, ha visto al Padre» (Juan 14.9b). Cristo es la perfecta Imagen de Dios y una expresión genuina de fe, no tolera otra cosa. Por medio de Cristo la plenitud de Dios en función de su encarnación trasciende los espacios de religiosidad tradicional y estática (Juan 4.21-23). Ahora, revelado en amor por medio de Cristo, es posible conectarse con Él y ser objeto de su amor.

Al ser Cristo el medio divino-humano de conocer a Dios, aseguramos el disfrute de su plenitud en nosotros. Ese es también el contenido del Misterio de Dios, una revelación perfecta en su Hijo Amado (Mateo 17.5b). Cualquier otro medio de acercarse a Dios es espurio, idólatra y un conato relacional con Dios. El conocimiento de esta fe es lo que Dios revela a los que creen en Cristo. Conocer el amor de Cristo es el «detonante» creativo que inspira la fe para creer en Dios y de esa manera somos absorbidos por Él con pleno conocimiento de su grandeza. Cuando Pablo descubre su fe relacional con Dios por medio de Cristo, se siente completo y satisfecho por lo que el Señor hizo en su vida. Esta es su ganancia mayor: el conocimiento de Cristo Jesús, su Señor (Filipenses 3.8). Conocer a Cristo es para el Apóstol la plenitud espiritual y existencial. ¡Y así para todos nosotros!

Dios da mucho más de lo que pedimos

«Y a Aquel que es poderoso para hacer todas las cosas mucho más abundantemente de lo que pedimos o entendemos, según el poder que actúa en nosotros, …»

Efesios 3.20

****

La fe en Dios nos inserta en todo aquello que es posible conocer desde el punto de vista de la realidad humana. Como no somos dioses, necesitamos de algo más trascendental que nos permita lograr un grado de felicidad y sentido en la vida; para no ser meros objetos sin aliento, sin vida, sin esperanza. Podemos tener valores humanistas que proclaman la razón y la ciencia como fuentes no religiosas, necesarias para darle sentido a la existencia humana. Sin embargo, sin rechazar todo lo que el humanismo ofrece, creemos que el ser humano necesita algo más. Sustancialmente, eso que es necesario y esencial por su origen innato, solo lo puede ofrecer Dios. Si somos creados por Dios, lo necesitamos (Salmo 42.1-2).

Dios es consistente con su propósito creador y sustentador de la vida. Él es la Fuente de donde mana todo lo que necesita el ser humano y que es fundamental para encontrarle sentido a la vida. El poder de Dios es de tal naturaleza, que está dispuesto (como medida de gracia y amor) a darnos lo que pedimos y mucho más; pues Él conoce lo que es fundamental para nosotros. El humanismo puede ofrecer lo que la realidad inmediata le impone, lo que puede verificar por medio de los sentidos o a través de alguna disciplina científica. Mas Dios conoce a completa profundidad lo que es esencial para la vida.

Precisa entonces que medie la fe para creer en la suficiencia de Dios. Si el ser humano es también espíritu y no solo cuerpo, necesita de Dios; el único que puede llenar las expectativas de los que fueron creados por Él.

El conocimiento de Dios supera los alcances de nuestro entendimiento a tal grado que Él se ocupa de darnos aun lo que nosotros desconocemos y que es necesario para la vida. El apóstol Pablo les informa a los romanos: «Y de igual manera el Espíritu nos ayuda a nuestra debilidad; pues, qué hemos de pedir como conviene, no lo sabemos, pero el Espíritu mismo intercede por nosotros con gemidos indecibles» (Romanos 8.26). En nuestra relación con Dios debemos entender que nunca podremos reclamar perfección delante de Él. Ni siquiera un acto oracional que surja de un corazón consagrado a Dios. Nuestras limitaciones como seres humanos finitos cancelan todo esfuerzo por agradar a Dios de forma absoluta y perfecta. Impera entonces, el favor y la gracia de Dios que nos completa por medio de su misericordia. Lo perfecto es lo acabado y nunca define el carácter de nuestra espiritualidad ante un Dios tan Santo y de tanto poder. Porque somos imperfectos, nada meritorio podemos hacer para acceder a la gracia divina. Solo el amor de Dios nos permite estar ante su presencia y tal bendición debe responder a un acto sincero de humillación. Lo que no le podemos ofrecer a Dios, Él lo compensa, pues por medio de su Espíritu hace posible que aquello que le pedimos guarde una correlación de sincera fe con su voluntad.

La gloria sempiterna de Dios

―――――――――

«... a él sea Gloria en la iglesia en Cristo Jesús por todas las edades, por los siglos de los siglos. Amén».

Efesios 3.21

****

El apóstol Pablo, en un momento de preclara inspiración, nos entrega una doxología que afirma una vez más la grandeza de Cristo. Es el reconocimiento de que la gloria de Dios incide en la naturaleza de la Iglesia, sustentada por la presencia de Cristo en ella. Con esta profunda declaración eclesiológica, el Apóstol crea conciencia en los efesios de que la Iglesia ha recibido de Dios la bendición de ser receptora de su gloriosa presencia. Por medio de Cristo un cuerpo compuesto por seres humanos puede dar fe de la gloria de Dios (debemos recordar que constituye también la revelación del Misterio-Cristo, la encarnación de Dios por medio de Él, evento que mostró la gloria de Dios entre los seres humanos). La Iglesia, entonces, reconoce que como elemento fundamental de su vocación debe celebrar el don de poder proclamar que es testigo de la gloria de Dios en ella, por medio de Cristo.

La Iglesia debe ser consciente también de que la gloria que le acompaña y que proclama es en Cristo. Porque la Iglesia para su creación, crecimiento y desarrollo solo tiene un Fundamento: el Señor Jesús. Toda gestión de la Iglesia en el orden evangelístico, educativo y doctrinal tiene que alimentarse de la Persona de Cristo. El Fundamento de la fe que proclama la Iglesia es Cristo (1 Corintios 3.11) por lo que la gloria de

Dios que ilumina la Iglesia viene de Él. Cuando la Iglesia «glorifica» a Dios lo hace porque esa es su naturaleza espiritual. Al glorificar a Dios, la Iglesia reconoce que su existencia y forma de ser es producto de la gracia que propicia la presencia de Cristo en su seno. Entonces, glorificar a Dios es una conducta «natural» de la Iglesia y al hacerlo vive la fe en el Cristo que la creó por medio de su Espíritu.

La gloria que proclama la Iglesia en Cristo es por todas las edades, por todos los tiempos. La gloria que desde Cristo proclama la Iglesia, trasciende los cambios históricos, sociales, políticos y culturales, porque la gloria de Dios se define en función de lo que Cristo hizo por los seres humanos. Es la esperanza cumplida en el aquí y en el ahora como anticipo suficiente de su realización última en la consumación de los tiempos de Dios. La gloria de Dios que transparenta los signos de la salvación de Dios en Cristo no es una ilusión, un sueño o una entelequia. La gloria de Dios revelada en Cristo es su inserción en la historia, concretamente para realizar su proyecto de paz, justicia y misericordia. Esa gloria salvífica revelada, se hace praxis evangélica cada día. Porque cada día Dios cumple su promesa de amor con todos los seres humanos. Mas la gloria de Dios que vive la Iglesia le impele a ser testigo del Evangelio de Cristo. No hablamos de vanagloria sino de sencillez y humildad para transparentar el Rostro pastoral y profético del Señor Jesús en todas las edades. La gloria de Dios no excusa la praxis de los valores de su Reino en el mundo; ésta sería una lamentable enajenación eclesial. Una vez más, como Dios encarnó en el mundo en Cristo para servir desde el contenido redentor de su naturaleza mesiánica, así también encarna la Iglesia para ser medio de gracia, amor y justicia, para ser lo que realmente es: «sal de la tierra».

NOTAS EDUCATIVAS

GLOSARIO

****

Revelación: es la manera (o maneras) como Dios se da a conocer. Por ejemplo, la naturaleza revela la grandeza de Dios (Salmo 19.1) y algunos la caracterizan como la revelación natural. Por medio de la creación podemos aquilatar la excelencia de su poder, siempre definido en función del beneficio de los seres humanos.

Existe también la Revelación especial. Ésta comprende la manera como Dios habla y se relaciona «personalmente» con los seres humanos. Así se comunicó con Abraham, Moisés y otros en el Antiguo Testamento. El momento culminante de la Revelación especial se realiza por medio de Cristo. Es por medio de Cristo que podemos conocer a Dios (Juan 14.6). Cristo revela del Padre su amor, justicia y misericordia con toda la humanidad. La Biblia no es la revelación en sí, sin embargo, es testigo de la Revelación. No hay Biblia sin Revelación porque ella nos comunica su contenido y nos entrega su significado.

Redención: Es el evento salvífico de Dios por medio de la entrega vicaria de Jesucristo su Hijo. El pago por la deuda del pecado la ofreció Cristo en la cruz y ese pago por nuestra redención fue la muerte de Cristo. La muerte del Justo, que es Cristo, nos exonera de la culpa y al hacerlo nos justifica ante el Padre (Romanos 3.24). Justificar significa liberar, pasar por encima de nuestros pecados asumiendo Cristo ese costo moral para traernos la paz (Romanos 5.1).

Misterio: En el contexto del libro de los Efesios, y de la Biblia en general, el misterio es lo que Dios quiere revelar (dar a conocer) para beneficio de los seres humanos en este punto esencial y por medio de Cristo. Este ministerio es el contenido de la máxima revelación de Dios: Jesucristo. Nada tiene que ver con las religiones mistéricas de aquellos tiempos. Lo que Dios nos comunica en Cristo es su transparencia, una Palabra que contiene la absoluta verdad de Dios. En Cristo no priva lo místico, es la Luz del mundo (Juan 12.46). El misterio de Dios es Cristo, entregado para redimir a los seres humanos y enviado para crear un solo pueblo, eliminando las enemistades que privaban entre ellos (Efesios 2.16). La fe cristiana es como un libro que se abre para conocer la realidad de un Dios que habla «claramente» por medio de Cristo su Hijo.

Gracia: La gracia es el favor de Dios que propicia el perdón de los pecados por medio del evento redentor de Cristo. El ser humano por sus evidentes limitaciones espirituales carece de méritos para alcanza su justificación ante Dios. Es por medio de la gracia que somos salvos, es un acto divino que solo puede ser realizado por Cristo (Efesios 2.8). Este evento salvífico es don de Dios (gratis para el ser humano), pues Cristo lo solventó a precio de muerte en la cruz.

Espíritu Santo de la Promesa: Este es el mismo Espíritu de Dios y también lo conocemos como el Espíritu de Cristo. Parte integral de la Trinidad Divina, por lo tanto, es Dios mismo. Habiendo escuchado la Palabra del Evangelio y por la fe habiendo creído en él, el Espíritu Santo se posesionó de nosotros en ese mismo momento (Romanos 8.9). Esa experiencia de conversión a Cristo testifica la experiencia bautismal por medio del Espíritu Santo. Existe una correlación positiva entre la profesión de fe en Cristo y el bautismo del Espíritu Santo. El sello del Espíritu Santo es la «marca» divina que garantiza nuestra pertenencia a Dios. Como Sello divino el Espíritu Santo es en el aquí y en el ahora la garantía de nuestro devenir hacia Dios en la plenitud de los tiempos (para tal óptima bendición debe mediar nuestra fidelidad al Señor).

Principado, autoridad, poder y señorío: El Reinado de Cristo, a raíz de su resurrección y ascensión a la Diestra del Padre, es uno de carácter celestial y universal. Como secuela de su acción redentora en la cruz, Cristo recibió todo poder en el cielo y en la tierra (Mateo 28.18). Cualquier autoridad gubernamental, cualquier señorío de extracción humana, todo ente que reclame poder terrenal o «espiritual» está subordinado a Cristo. Los valores de amor y justicia de su Reino superan los otros que puedan existir en cualquier lugar (Apocalipsis 5.12-13). ¡Solo Cristo es digno de adoración y alabanza!

Lugares celestiales: El cielo, en leguaje de Apocalipsis, se describe como un «lugar» de majestad y gloria donde rige con poder el Cordero de Dios, que es Cristo (cap. 5). Allí Cristo celebra la gloria de ser entronado por el Padre para hacerlo Señor, sobre todo. Aunque señoreando en los lugares celestiales (a la Diestra del Dios Padre), Cristo sigue siendo el Señor de la historia y Cabeza de la Iglesia como Él mismo lo prometió. Por medio de su Espíritu, su permanencia entre su pueblo está garantizada (Mateo 28.20).

Familia de Dios: Al culminar la barrera que separaba a judíos y gentiles Cristo unifica los pueblos. Todo intento sectario y divisionista es erradicado y denunciado en aras de crear un solo pueblo, es decir, una sola familia que pertenece a Dios. Si antes el judaísmo excluía a los gentiles del favor divino por no observar las disposiciones legales ahora por medio de la acción redentora de Cristo, aquellos son incluidos en el cuerpo familiar de Dios. Se trata de Dios mediatizando su gracia y amor en Cristo reúne lo que estaba separado. Entonces, la Iglesia se torna en un lugar de fe donde Dios incorpora a todos los seres humanos que profesan su creencia en el Salvador Jesucristo.

Gentiles: Los gentiles son el pueblo no judío a quienes éstos llaman incircuncisos. Son considerados «paganos», gente que no se beneficia de las promesas de Dios. Se les conoce también como extranjeros, ajenos al pueblo judío. Vivían sin esperanza y sin Dios en el mundo (Efesios 2.12). Estos no judíos estaban sumidos en una situación socio-religiosa precaria, fuera del ámbito de una relación salvífica con Dios. ¡Cristo hace la diferencia al incluirlos en su propuesta redentora!

Edificio: Dios edifica una estructura relacional nueva con sede en la Persona de Cristo. Esta edificación es el «templo santo»; la Iglesia, el nuevo Israel. La Iglesia, como edificio nuevo de Dios abre sus puertas a los que antes no podían entrar a ella. El Evangelio que proclama la Iglesia es inclusivo. Su alcance universal se amplía gracias a la apertura de amor de Dios en Cristo (Juan 3.16).

Piedra angular: La Iglesia se levanta como edificio de Dios sobre la Persona de Cristo. En una edificación, la piedra angular (en el lenguaje de hoy) es la columna principal o quizás la zapata que sostiene el edificio. La imagen nos ayuda a entender que Cristo es el Fundamento de nuestra fe (1 Corintios 3.11). Somos llamados cristianos porque seguimos las enseñanzas de Cristo y abrazamos como norte para nuestra formación de fe la doctrina de los Apóstoles.

****

Aclaración fundamental

Al acercarnos al texto bíblico para interpretarlo y orientar nuestra vida y fe a tono con lo que este nos indica, es necesario entender que el mismo se escribe en un contexto social, cultural y religioso distinto al nuestro. La hermenéutica (aplicación), debe atemperarse a la época presente buscando un sentido común (D. Fee y Stuart) que tenga un valor universal. En palabras sencillas, hay textos bíblicos cuya aplicación no trasciende la época en que se escriben. Otros (la mayoría), son válidos para todos los tiempos. Piense, por ejemplo, en lo que Pablo dice en 1 Timoteo 2.12, donde prohíbe a la mujer enseñar, entre otras cosas. ¿Deberíamos pensar así hoy? Sin embargo, ¡cuánto apreciamos lo que nos dice en Filipenses 4.13! Reconocemos que este tema debe ser estudiado más exhaustivamente en otra ocasión: un gran reto para el Ministerio de Educación Cristiana.

«Porque en Cristo Dios reunió todos los pueblos eliminando lo que les separaba»

Efesios 2.14

SOBRE EL AUTOR

El Rvdo. Elías Cotto Cruz es un pastor jubilado de la Iglesia Cristiana (Discípulos de Cristo) en Puerto Rico. Es un hijo del barrio Aldea de Bayamón. Cursó estudios en las escuelas públicas del país. Obtuvo un Bachillerato en Artes de la Universidad de Puerto Rico y una Maestría en Divinidad del Seminario Evangélico de Puerto Rico. En el año 2000 recibió un Certificado por su participación en un Curso Pastoral de Familia bajo la dirección del Dr. Pedro Savage, sicólogo clínico. El Rvdo. Cotto ha pastoreado siete iglesias y fue el segundo Pastor General de la Iglesia Cristiana (Discípulos de Cristo) en Puerto Rico. Es autor de varios libros, dramas eclesiásticos, ensayos y conferencias con temas variados. En el presente libro nuestro autor reflexiona sobre el más grande evento realizado por Dios en beneficio de la humanidad: Su misterio salvífico revelado en la Persona de Cristo.